cómo elegir el nombre del bebé

Emilio Salas

cómo elegir el nombre del bebé

Si usted desea que le mantengamos informado de nuestras publicaciones, sólo tiene que remitirnos su nombre y dirección, indicando qué temas le interesan, y gustosamente complaceremos su petición.

Ediciones Robinbook
Información bibliográfica
Industria, 11 (Pol. Ind. Buvisa)
08329 Teià (Barcelona)
e-mail: info@robinbook.com

www.robinbook.com

© Emilio Salas.

© 2002, Ediciones Robinbook, s. l., Barcelona.
Diseño cubierta: Regina Richling.
Fotografía: Kupka/Mauritius Images/Stock Photos.
ISBN: 84-7927-628-2
Depósito legal: B-42.196-2002
ISBN AR: 978-987-1376-15-5

Quedan rigurosamente prohibidas, sin la autorización escrita de los titulares del copyright bajo las sanciones establecidas en las leyes, la reproducción total o parcial de esta obra por cualquier medio o procedimiento, comprendidos la reprografía y el tratamiento informático, y la distribución de ejemplares de la misma mediante alquiler o préstamo públicos.

Impreso en Argentina - *Printed in Argentina*
Se terminó de imprimir en febrero de 2012, en los talleres
de Artes Gráficas Buschi S.A., Ferré 2250, Ciudad de Buenos Aires, Argentina.
www.buschi.com.ar

PRÓLOGO

En la religión cristiana, bautizar a un niño dándole un nombre equivale a concederle su lugar entre los hijos de Dios y, al mismo tiempo, ligar su vida a la del santo cuyo nombre llevará a partir de aquel instante.

Y es que en todas las civilizaciones existe la creencia de que otorgar un nombre determina un destino y unas posibilidades; tanto es así, que en Oriente y en las sociedades tradicionales -entre las que se incluye a la Iglesia- debe cambiarse el nombre propio a partir de cierto momento trascendental de la vida. Es por ello, que en la Biblia, para que la estéril Saray se convierta en fecunda, debe transformarse en Sara; es también por ello, que cuando se nombra un papa debe abandonar su nombre y adoptar otro acorde con su sagrada misión; así, Karol Wojtyla se convierte en Juan Pablo II.

Actualmente no existe ningún tipo de restricciones para elegir un nombre, lo cual otorga a los futuros padres una libertad absoluta para buscar aquel que les parezca mejor. Sin embargo, el sentido común nos impone ciertas precauciones: La primera consiste en no dejarse influir por los nombres de personajes de ficción que no tardarán en ser olvidados y quizás entonces los encontraremos ridículos, pero que el neonato se verá obligado a llevarlo toda su vida. Y lo mismo ocurre con los nombres exóticos o inventados.

Y la segunda, es tener en cuenta que el número hereditario también posee una innegable influencia sobre los hijos, es la herencia que les legamos, por lo cual el nombre a elegir debe complementarse con dichos apellidos.

De aquí la importancia de elegir cuidadosamente el nombre que debemos imponer a nuestros hijos, y en la duda entre los que nos gustan, vale la pena tener en cuenta la influencia que puedan ejercer sobre su carácter y destino.

La ciencia -o mejor dicho- la técnica que nos permite conocer las tendencias y posibilidades inherentes a cada nombre, tanto por él mismo como combinado con los apellidos, es la Numerología, sobre la que basaré una somera interpretación de los nombres, y por cuyo motivo iniciaré este trabajo con una primera parte dedicada a la misma. Y aquí debo hacer una importante observación. Mi anterior libro *Los nombres,* estaba dirigido a quienes desean conocer la posible importancia de SU PROPIO nombre, tal y como lo usa normalmente. Por ello en el mismo, además de los nombres más corrientes en nuestro país, incluyo los hipocorísticos * e incluso nombres o variantes extranjeras que momentáneamente adquirieron popularidad; y también por dicho motivo, el estudio previo sobre Numerología es exhaustivo a pesar de su brevedad.

---

* Son nombres hipocorísticos los que en forma diminutiva, abreviada o infantil se usan como designaciones cariñosas, familiares o eufemísticas limitándome además a los actualmente más utilizados, y dejando de lado los usados hace algunas generaciones, pues por ejemplo, a nadie se le ocurre hoy poner Apolonia o Waldetrudis a su hija, o Tiburcio o Ramberto a su hijo. También por dicho motivo, he reducido al mínimo indispensable lo referente a la numerología.

En cambio, el libro que ahora tiene en sus manos está dedicado a quienes buscan un nombre adecuado que imponer a su bebé. Por dicho motivo sólo contiene los nombres tal y como se inscriben en el Registro Civil.

LA NUMEROLOGÍA

En Numerología es muy importante saber cómo debemos determinar el nombre para poder analizarlo, pues cada país tiene sus costumbres; así por ejemplo, en los países anglosajones suelen prescindir del apellidos materno, substituyéndolo por su inicial, así nos hallamos con Franklin D. Roosevelt, Lyndon B. Johnson o Bill J. Clinton

En otros países se prescinde del segundo apellido, y también es costumbre que una mujer al casarse pierda su primer o segundo apellidos para adoptar el de su marido; así por ejemplo, Hillary Rodham se convierte en Hillary Clinton.

El caso de Bill Clinton nos presenta otro problema: su verdadero nombre es William, pero se le conoce por el diminutivo familiar de Bill.

Otro caso frecuente es el nombre de «guerra» de artistas y escritores: así por ejemplo, Norma J. Mortenson se convierte en Marilyn Monroe; José Martínez Ruiz en Azorín.

¿Cuál es el nombre que en Numerología se toma en consideración? Pues sencillamente, el que se usa normalmente, pero sin olvidar el original; por ello además de analizar William Jefferson Clinton, también deberemos tener en cuenta los matices que le añade Bill J. Clinton, que en algunos casos suelen ser muy importantes. Y en el caso de los seudónimos, analizaremos primero Norma J. Mortenson y luego Marilyn Monroe, pues el primero revela la personalidad privada y el segundo la profesional y pública.

Ya sé que estas consideraciones pueden parecer superfluas cuando de lo que voy a tratar es de los nombres de pila.

Pero ya he dicho que los números de los apellidos hay que tenerlos en cuenta al escoger el nombre de nuestro hijo o hija. Pero ahora empecemos por el significado de los números.

SIMBOLISMO DE LOS NÚMEROS

1: Simboliza la unidad, e indica creación, impulso y actividad. Concede autoridad, estabilidad, energía, individualismo e independencia. Cuando es negativo, incurre en el egocentrismo y el autoritarismo.

2: Es la dualidad, la pasividad; es todo aquello que posee un aspecto doble, receptivo y sentimental, de unión, de espíritu de equipo y de asociación. Cuando es negativo se convierte en oposición destructora.

3: Es el ternario, la generación, la espiritualidad, la creación, el entusiasmo, la sociabilidad, el optimismo, la comunicación, la inteligencia, el sentido teórico y la habilidad manual. Cuando es negativo se convierte en cólera, intolerancia y dispersión.

4: Es el cuaternario, la estabilidad, la paciencia, la organización, lo sólido, el realismo, el sentido del deber, del orden, de la fidelidad. Cuando es negativo se convierte en rutina y avaricia.

5: Es la unión de lo par y lo impar, es la capacidad de adaptación, de progreso, de movilidad, de curiosidad, de viajes, comunicación, innovación y audacia. Cuando es negativo comporta el peligro de accidentes, de inestabilidad y superficialidad.

6: Es el equilibrio, fuente de todas las ambivalencias, concede encanto, diplomacia, sentido estético, amor, belleza, armonía y sensualidad, capacidad de servicio y de sacrificio. Cuando es negativo conduce a la indecisión, al fatalismo y al exceso de perfeccionismo.

7: Es la unión del ternario y el cuaternario, y tanto implica dominio del espíritu sobre la materia, como lo contrario. Otorga paciencia, capacidad de estudio e investigación, sabiduría, lógica, y análisis, exigencia, tanto con uno mismo como con los demás, tendencia a la soledad y la introspección; pero también la necesidad de creer en algo. Cuando es negativo conduce al pesimismo.

8: Es la equidad, la justicia y el equilibrio; pero también es la violencia, el deseo de poder, de triunfo, de valor y lucha por los principios, la impetuosidad y la impaciencia. Cuando es negativo conduce a los celos y al exceso de violencia.

9: Es el número de lo absoluto, y por ello concede altruismo, emotividad, idealismo, devoción, compasión, espiritualidad, necesidad de ayudar y compartir, y el poder, tanto material como espiritual. Cuando es negativo conduce a la irrealidad, la influenciabilidad y el desorden, a los desórdenes ciclotímicos.

A estos números clásicos, actualmente se añaden otros dos: el 11 y el 22, a los que se denomina números maestros. Sin embargo, son números a los que pocas personas pueden responder a su influencia, pues son los que definen a las personalidades fuera de lo común. Cuando no se es capaz de responder a su influencia se convierten en el 2 y el 4.

11: Es el número de las elevadas ambiciones, de la fuerza, del dominio, de la perfección, inspiración e idealismo. Confiere una personalidad carismática, seductora y dominadora. Cuando es negativo conduce al nerviosismo, el autoritarismo y el *surmenage*.

22: Es el número de la inspiración y la revelación, de crear y construir. Existe la necesidad de lo inesperado y excepcional, de la utopía. Cuando es negativo comporta la tendencia a la extravagancia, la inestabilidad y los trastornos nerviosos.

LOS NÚMEROS DE NUESTRO NOMBRE

A continuación incluyo las equivalencias entre números y letras. Es conveniente que los lectores la copien en una hoja aparte para tenerla siempre a mano.

1	2	3	4	5	6	7	8	9
A	B	C	D	E	F	G	H	I
J	K	L	M	N	Ñ	O	P	Q
R	S	T	U	V	W	X	Y	Z

Si ahora convertimos las letras de un nombre en números y los sumamos para obtener un número final, obtendremos lo siguiente:

ALFREDO
1 + 3 + 6 + 1 + 5 + 4 + 7 = 27 = 2 + 7 = 9

EL NÚMERO ACTIVO

Hemos visto que el número resultante de la suma de los valores de todas las letras del nombre de Alfredo era el 9. A este número se le llama el número activo, y revela cuáles son las cualidades innatas y personales. Analicemos el significado de los números activos:

1: Fuerte individualidad, autonomía, independencia, oportunismo y capacidad para asumir responsabilidades de mando.
2: Sentido de los negocios, de la conciliación y la cooperación, del matrimonio y de cuanto se relacione con las uniones y asociaciones. Mucha sensibilidad.
3: Afición al estudio, habilidad y adaptabilidad; capacidad de destacar en todas las cuestiones relacionadas con la comunicación, la expresión, la seducción y la creatividad.
4: Ordenado, organizador riguroso, constante y con amor por el detalle, siente atracción por el pasado, la historia y las antigüedades.
5: Muy adaptable, desea hacerlo todo y ser el mejor, mucha curiosidad y necesidad de libertad y de cambios.
6: Ordenado y metódico, es capaz de asumir responsabilidades, especialmente en lo relacionado con el hogar y el entorno afectivo y familiar.
7: Necesita informarse, sopesar el pro y el contra de las cosas antes de decidirse. Lo importante es la vida interior, la reflexión e incluso la fe.
8: Enérgico y obstinado, ama el secreto. Busca poder y riqueza.

9: Muy emotivo y abnegado, se interesa por las cuestiones humanitarias y sociales. Busca la apertura al mundo de lo extraño. También gusta del poder, el deporte y la aventura.

11: Intuitivo y clarividente, desea utilizar su carisma personal; realizar, en cierto modo, un papel de guía espiritual.

12: Con las mismas cualidades que el 11, las traduce en realidades tangibles. Sueña con la realización y la creación al más alto nivel.

Ahora bien, hay que tener en cuenta que en el nombre existen dos clases de letras: vocales y consonantes. A la suma de los valores de las vocales se le llama **número íntimo**; y a la suma de los valores de las consonantes, **número de realización o exterioridad.** Analicemos dichos números.

El número íntimo nos informa sobre las aspiraciones y deseos íntimos de la persona, y su interpretación es la siguiente:

1: Se siente seguro de sí mismo, de su valor y de la bondad de sus ideas, por lo que desea alcanzar una situación independiente.

2: Profundo sentido del amor, del matrimonio y del patrimonio; valor para la vida cotidiana, deseos de estabilidad.

3: Desea expresar sus ideas y establecer contactos, pues se sabe hábil, ingenioso y de rápida inteligencia.

4: Aspira a conocer sus orígenes, se interesa más por el presente y el pasado que por el futuro.

5: Aspira a vivir libremente, sueña con grandes proyectos y es un idealista.

6: Está íntimamente convencido de sus capacidades organizadoras y su espíritu metódico.

7: Profundo sentido de la justicia y deseos de evolución interior. Respeta los derechos de los demás.

8: Gusto por el secreto; deseos de triunfar.
9: Religiosidad e idealismo innatos; desea sentirse útil a los demás.
11: Posee grandes ambiciones y sueña alcanzarlas.
22: Desea realizarse en un plano universal.

El número de expresión o realización nos informa de qué manera la persona se realiza en la vida y cómo le perciben los demás.

1: Con espíritu de iniciativa, activo y deportista, manda y decide.
2: Laborioso, tenaz y resistente, se realiza trabajando en equipo.
3: Con habilidad manual y sentido de la comunicación, sabe usarlas en la práctica para salir adelante.
4: Aunque le cueste tiempo y paciencia, se esfuerza en conseguir el éxito.
5: Para triunfar se basa en su elegancia y facilidad en asimilar ideas y experiencias.
6: Destaca por ser metódico y ordenado, con sentido del detalle y espíritu científico.
7: Sabe dejarse llevar por la corriente preservando su independencia. Es prudente y con dotes artísticas.
8: Imaginativo y rápido, reacciona inesperadamente y con eficacia.
9: Se realiza sirviendo a los demás, ya sea en la mística o en fines humanitarios.
11: Activo, ambicioso, intuitivo y original.
22: Ansioso de reconocimiento y dominio, se realiza en la creatividad y la entrega.

Quien domina es el número activo, complementado por el íntimo y el de expresión. Así para Alfredo:

Íntimo : 1 + 5 + 7 = 13 = 4.
Expresión: 3 + 6 + 1 + 4 = 14 = 5.
Activo = íntimo+ expresión = 13 + 14 = 27 = 9.
Lo que representaremos de la siguiente forma: 4 + 5 = 9.

Y en caso de que uno de estos números fuera 11 o 22, pondremos 11 = 2, o también (2 = 11) para tener en cuenta ambas posibilidades.

Pero todavía existe otro factor a tener en cuenta, y es cuántas veces se halla repetido cada uno de los números del nombre y si existen algunos que no aparecen.

Para ello, distribuiremos los números en la forma siguiente:

1 2 3
4 5 6
7 8 9

y comprobamos cuántos existen de cada uno en el nombre.
Tendremos:

1 (2)   2 (0)   3 (1)
4 (1)   5 (1)   6 (1)
7 (1)   8 (0)   9 (0)

De acuerdo con ello podemos dividir los números en:

Ausentes: los que no aparecen ninguna vez y nos indican la falta de las cualidades indicadas por dichos números. En nuestro ejemplo: 2, 8 y 9

Neutros: los que aparecen por debajo de la media. En este ejemplo existen 7 letras, por lo que la media será 0,8. Estos números podemos dejarlos de lado. En este caso no existe ninguno.

Excesivos: los que aparecen más de una cuarta parte del total.

Indican que la cualidad que definen se convierte en un defecto. En nuestro caso el 1.

Dominantes: Son los que se hallan en una posición intermedia. Son cualidades sobresalientes que vale la pena cultivar. Aquí son 3, 4, 5, 6 y 7.

Veamos ahora lo que significan cada uno de ellos:

1

AUSENTE: Inestabilidad, falta de autoridad.
DOMINANTE: Individualismo, con capacidad de mando, autodominio y creatividad.
EXCESIVO: Autoritarismo, egocentrismo y testarudez.

2

AUSENTE: Exceso de emotividad y falta de diplomacia, lo que hace difícil el trabajo en equipo.
DOMINANTE: Suavidad, emoción, imaginación y solidaridad. Es ideal para el comercio, la diplomacia y el trabajo en equipo.
EXCESIVO: Se exagera el lado pasivo y femenino de la personalidad, lo que puede traducirse en petulancia y vanidad.

3

AUSENTE: Dificultad para expresarse, comunicar y convencer.
DOMINANTE: Inteligencia, capacidad inventiva y sintética, buen comunicador con capacidad de mando, por lo que es ideal para las profesiones relacionadas con la palabra, la escritura y el arte.
EXCESIVO: Superficialidad y verborrea.

4

AUSENTE: Negligencia, pereza, falta de concentración.

DOMINANTE: Orden, organización, paciencia, rigor, meticulosidad; desea realizar cosas concretas y perdurables.

EXCESIVO: Espíritu rutinario, maniaco del detalle, rigidez y cortedad de miras.

5

AUSENTE: Falta de adaptabilidad, prefiriendo la rutina.

DOMINANTE: Adaptabilidad y libertad; cambio y movimiento, capacidad de organización.

EXCESIVO: Versatilidad e inestabilidad. Excesivo gusto por el cambio en todos los aspectos de la vida.

6

AUSENTE: Dificultad para decidir, tendencia a rehuir las responsabilidades; excesiva búsqueda de una perfección que no hallará jamás.

DOMINANTE: Se saben asumir las responsabilidades, tanto en el amor, el hogar, la familia. Aptitud para la medicina, la judicatura y las leyes.

EXCESIVO: Dominante y posesivo; quiere asumirse todo, cargar con todas las responsabilidades, con peligro para la salud.

7

AUSENTE: Temor a la soledad, falta de confianza en uno mismo, tendencia a la depresión.

DOMINANTE: Reflexión, estudio, investigación. Capacidad analítica y de introspección. Es el número del pueblo y de la tierra.

EXCESIVO: Tendencia al aislamiento y al sectarismo.

8

AUSENTE: Falta de equilibrio en todos los conceptos.

DOMINANTE: Intrépido, voluntarioso y digno de confianza, pero capaz de todos los extremos, tanto en el trabajo como en el placer. Odios y amistades duraderas.
EXCESIVO: Tiende al arribismo, al engaño y los excesos, pudiendo ser agresivo y destructor, tanto con los demás como consigo mismo.

9

AUSENTE: Dominante, egoísta y apático. Nada compasivo.
DOMINANTE: Actividades humanitarias y altruistas, aspira a la universalidad, al misticismo. Es el número del poder.
EXCESIVO: Santurrón o fanático; tanto puede creerse un iluminado como ser un esclavo al servicio de los demás.

Ahora ya podemos recopilar cuanto nos dice la numerología sobre el nombre de Alfredo:

Íntimo: 4. Aspira a conocer sus orígenes y se interesa más por el presente y el pasado que por el futuro.

Expresión: 5. Para triunfar se basa en su elegancia y facilidad en asimilar ideas y experiencias.

Activo: 9. Emotivo y abnegado, se interesa por las cuestiones humanitarias y sociales. Busca la apertura al mundo de lo extraño; también gusta del poder, el deporte y la aventura.

Ausentes: el 2, el 8 y el 9. Lo que nos dice que existe una falta de diplomacia y un exceso de emotividad; también existe falta de equilibrio en todos los conceptos. Sin embargo, como su número activo es el 9, lo que su carencia nos indicará es que le costará mucho afirmar su personalidad, y aunque lo consiga, siempre le resultará muy difícil expresar sus sentimientos.

Dominantes: 3, 4, 5, 6 y 7. Es inteligente, inventivo y buen comunicador; reflexivo y estudioso, ordenado, buen organizador y meticuloso; adaptable y amante del cambio y la movilidad. Sabe asumir sus responsabilidades en todos los aspectos de la vida.

Excesivo: el 1, lo cual lo hace autoritario y testarudo.

Dado que en un trabajo como el actual me es imposible extenderme en ordenar armónicamente todo ello y deducir las consecuencias en su vida, lo que es relativamente fácil, aquí me limitaré a resaltar lo que define especialmente a Alfredo:

Alfredo es tierno y simpático, para él lo más importante son los sentimientos, pero en realidad es nervioso e inquieto, eminentemente cerebral y con gran imaginación, lo cual unido a su inteligencia innata y su facilidad en asimilar nuevas ideas, técnicas y experiencias, le permite triunfar en la vida y cumplir con su necesidad de detentar una parcela de poder que le permita lograr la estabilidad -interna y externa- que necesita. Le gusta el deporte y la aventura, y en realidad es un romántico sentimental que ama la naturaleza, los animales y la humanidad en general. En el amor es emotivo y romántico, aunque a veces un cierto pudor y timidez le impide expresar todo lo que siente.

Así es como lo defino en mi libro *Los nombres*; aquí, dado que mi objetivo es algo distinto, me ciño a los datos más importantes y, como se verá más adelante, la definición es bastante escueta pero suficiente para lo que nos interesa.

De la mima manera que termino de analizar el nombre de Alfredo, usted puede hacer lo mismo con cualquier otro que no figure en mi repertorio de nombres, como es el caso de los nombres compuestos (José María o María Isabel, por ejemplo) y seguir luego todo el procedimiento posterior en la misma forma.

Pero ya he dicho anteriormente que los apellidos también tienen su importancia, por ello, el número resultante de los mismos se llama el **número hereditario,** y nos indica el capital hereditario de la persona, y si bien no es tan importante como el activo, es decir, el nombre, también contribuye a conformar el carácter y cualidades finales.

INTERPRETACIÓN DEL NÚMERO HEREDITARIO

1: Confianza en sí mismo.
2: Espíritu de equipo e importancia de los bienes materiales.
3: Interés en el saber y la comunicación; inteligencia y entusiasmo.
4: Realismo, paciencia y sentido del orden y del deber.
5: Adaptabilidad, atracción por lo nuevo, lo lejano y las innovaciones.
6: Sentido estético, sensualidad y necesidad de amor y armonía.
7: Paciencia, sabiduría, capacidad de reflexión e introspección.
8: Posibles dones o poderes ocultos. Afán de triunfo social, de luchar por sus principios.
9: Espíritu de competición, idealismo, abnegación y espiritualidad; ansias de poder.
11: Posibilidades de poder y dominio.
22: Inspiración y grandes ideales.

CÓMO ESCOGER UN NOMBRE PARA NUESTRO BEBÉ

Ante todo hay que tener en cuenta que el nombre a escoger debe ser un nombre verdadero, nunca un apelativo familiar o cariñoso; es decir, será José, pero no Pepe o Pepito. Será Concepción, pero no Concha o Conchita. Es en el futuro, cuando su evolución o circunstancias pueden convertir el nombre de bautismo en un derivado del mismo. Es por ello que aquí no encontrará dichos nombres familiares.

En segundo lugar, hay que averiguar los valores numéricos del primer apellido de padre y madre, que serán los del neonato, para averiguar cuáles son los números ausentes, dominantes o excesivos, pues esto nos permitirá saber qué letras hay que procurar que no existan en el nombre a escoger; cuáles interesa que consten y cuáles hay que procurar que no pasen de dominantes a excesivas.

Para facilitar esta tarea, en la relación de nombres he añadido a cada uno de ellos un apartado: **Apellidos**, en el que se indican los requisitos que los mismos deben cumplir para armonizar con dicho nombre.

Pondré un ejemplo: Francisco Conesa y Carmen García esperan un hijo. ¿Que deben hacer?

Ante todo establecer la rejilla. En este caso será:

C O N E S A   G A R C Í A
3 + 7 + 5 + 5 + 2 + 1   7 + 1 + 1 + 3 + 9 + 1

$$1\,(4) \quad 2\,(1) \quad 3\,(2)$$
$$4\,(0) \quad 5\,(2) \quad 6\,(0)$$
$$7\,(2) \quad 8\,(0) \quad 9\,(1)$$

Además tendremos en cuenta que el número hereditario será:
3+7+5+5+2+1+7+1+1+3+9+1= 45 = 9

Ahora ya sabemos que debemos ir buscando con qué nombres del repertorio son compatibles los números de los apellidos. Al hacerlo comprobaremos que es muy difícil hallar el nombre con el que casen perfectamente los números de los apellidos, pero en cambio existen varios muy aproximados. Es este caso hallaremos:

Adolfo (Falta el 8 y el 1 es algo excesivo)
Diego (Faltan el 6 y el 8)
Eloy (Faltan el 4 y el 6)
Emilio (Faltan el 6 y el 8)
Félix (Falta el 8)
Fermín (Faltan el 6 y el 8)
Fidel (Faltan el 6 y el 8)
Jerónimo (Faltan el 6 y el 8)
Jesús (Faltan el 6 y el 8)
Lorenzo (Faltan el 6 y el 8)
Manuel (Faltan el 6 y el 8)
Onésimo (Faltan el 6 y el 8)
Pedro (Falta el 6 y el 1 es algo excesivo)
Prudencio (Falta el 6)
Samuel (Falta el 6 y el 8 y el 1 es algo excesivo)

Como puede verse, lo primero que hemos eliminado son todos aquellos nombres de los cuales no podíamos cubrir algún número clave, aquellos con varios números sin cubrir y aquellos en que el 1 quedaba claramente excesivo.

Ahora debemos analizar de estos nombres que hemos separado en cuáles existe alguna incompatibilidad entre el ausente y sus números clave; por ejemplo, cuando existe una dualidad entre el 1 y el 2, un 8 ausente incrementará los problemas. También examinaremos qué nombres poseen el 1 en sus números clave, para eliminar aquellos en que el 1 que es excesivo en los apellidos concuerda con un 1 en los números clave; y así todas las incompatibilidade, comparando números ausentes y números clave.

De este modo, la lista quedará reducida a los siguientes nombres:

Adolfo
Buenaventura
Diego
Emilio
Félix
Fermín
Jesús
Onésimo

El próximo paso es ver cuáles serían los números clave de la suma de nombre y apellidos. Tendremos:

Adolfo Conesa García = 3 + 7 = 1
Buenaventura Conesa García = 8 + 6 = 5
Diego Conesa García = 5 + 9 < 5
Emilio Conesa García = 1 + 9 = 1
Félix Conesa García = 2 + 1 = 3
Fermín Conesa García = 2 + 1 = 3
Jesús Conesa García = 7 + 8 = 6
Onésimo Conesa García = 7 + 5 = 3

De esta lista deberemos eliminar a Buenaventura, Fermín, Jesús y Onésimo, pues alguno de sus números ausentes se han convertido en nuevos números clave, por lo que el número de nombres a elegir sólo será de cuatro, y Adolfo con un 1 ligeramente excesivo y 1 clave, también debe descartarse.

Ninguno de ellos será un nombre perfecto, ya he dicho que era imposible, pero serán los mejores que podemos aplicar; ahora sólo falta examinarlos uno a uno, para ver cuál nos gusta más o parece acomodarse mejor a nuestros deseos.

También tendremos en cuenta que el número hereditario es el 9, lo que indica que la influencia de dicho número sobre el nativo será la de inculcarle el espíritu de competición, un mayor idealismo, espiritualidad, abnegación y ansias de poder.

NOMBRES FEMENINOS

ABIGAIL

Etimología: Del hebreo ab-guilah = fuente de alegría.
Carácter: Sociable y extrovertida, alegre y optimista, curiosa, equilibrada y adaptable sabe hacer reinar la alegría a su alrededor dresdamatizando las situaciones, pues detesta discusiones y conflictos. Es coqueta, seductora y con don de lenguas, por lo que no es de extrañar si sobresale en profesiones relacionadas con la expresión y la comunicación. Es una mujer temperamental capaz de asumir responsabilidades, pero para ello necesita sentirse feliz y motivada, pues de lo contrario puede dejarse llevar por una cierta indolencia.
Historia: Es la bíblica esposa de Nabal que inspiró una fuerte pasión a David, con el que se caso al enviudar.
Números: 3 + 3 = 6
Apellidos: Deben cubrir los números 4, 5, 6 y 8 ausentes, siendo indispensable cubrir el 6 (F, Ñ, W), por ser un número clave. Como celebridad citaremos a la poetisa venezolana Abigaul Nozano.
Onomástica: No tiene, pero puede celebrarse el 1 de noviembre, día de todos los Santos.

ADELA

Etimología: Del germánico *athal* = noble.
Carácter: Inquieta y nerviosa, con un gran sentido de la justicia, gran curiosidad, dotes artísticas y amante de los cambios, pero a la vez muy prudente, siempre sabe cómo salvaguardar su libertad, pareciendo poco sociable y distante. Su defecto es la inestabilidad en todos los planos de la vida
Historia: Santa Adela era la hija del rey Dagoberto II de Francia. La celebridad, la cantante Adela Patti.
Numeros: 7 + 7 = 5
Apellidos: Deben llenar los números ausentes 2, 6, 7, 8 y 9, siendo indispensable cubrir el 7 (G, O, X), número clave.
Onomástica: 8 de septiembre.

ADELAIDA

Etimología: Del germánico *athal-heit* = de clase noble.
Carácter: Es una mujer de fuerte personalidad, amante de la acción y muy práctica, pero carece del sentido de los matices, lo cual puede llevarla a la intolerancia. Cuando sólo responde al 2 su personalidad es menos aparente y en su carácter se alternan la pasividad y el entusiasmo.
Historia: En el siglo X, Santa Adelaida fue reina de Italia y emperatriz del Sacro Imperio Germánico. Como celebridad citaremos a la reina Adelaida, esposa de Guillermo IV de Inglaterra.

Números: 8 + 11(2) = 1
Apellidos: Deben llenar los números ausentes 2, 6, 7 y 8, o los máximos posibles, siendo indispensable cubrir el 8 (H, P, Y), número clave, y procurar que existan muy pocas letras del 1 (A, J, R), para evitar que se convierta en excesivo.
Onomástica: 16 de diciembre

ADELINA

Etimología: Del germánico athal-lind = noble apacible.
Carácter: Es una mujer dinámica que se muestra simpática y acogedora, con un gran sentido de la justicia y deseos de evolución interior. No obstante su hipersensibilidad y tensión internas pueden hacerla parecer reservada e inhibida. Oportunista y con facilidad para comunicarse desea realizarse y dirigir su propia vida.
Historia: Santa Adelina fue abadesa del monasterio de Morlán.
Números: 7 + 3 = 1
Apellidos: Deben cubrir los números 2, 6, 7 y 8 ausentes; siendo imprescindible cubrir el 7 (G, O, X), por ser un número clave.
Onomástica: 20 de octubre.

ADRIANA

Etimología: Es el femenino de Adrián.
Carácter: Es una mujer de principios, inteligente y adaptable, pero estable, dominante y celosa, le gusta expresar sus ideas y establecer

contactos. Sin embargo el exceso de 1 la hace autoritaria y mandona. Cuando es capaz de responder a la influencia de 22 es capaz de realizar grandes cosas.
Historia: En el siglo XVIII fue célebre la actriz francesa Adriana Lecouvreur.
Números : $3 + 1 = 22 = 4$
Apellidos: Deben cubrir los números 2, 3, 6, 7, 8 ausentes, o los máximos posibles; siendo indispensable cubrir el 3 (C, L, T), número clave, y procurar que no existan letras del 1 (A, J, R), excesivo.
Onomástica: 1 de marzo.

ÁGATA

Etimología: Del griego *aghata* = buena.
Carácter: Activa, enérgica y voluntariosa, le gusta mandar y dirigir. Sin embargo a veces su comportamiento resulta desconcertante y algo inestable. Socialmente despliega su inteligencia y se muestra sociable, agradable y superficial, pero en su vida privada es responsable, laboriosa, amante del orden, estable y trabajadora.
Historia: Santa Ágata vivió en el siglo III. Y es célebre la novelista Aghata Christie.
Números: $3 + 1 = 4$
Apellidos: Deben cubrir los números 2, 4, 5, 6, 8 y 9 ausentes, o los máximos posibles, siendo indispensable cubrir el 4 (D, M, U) número clave. Debe evitarse letras del 1 (A, J, R) para evitar que siga siendo excesivo.
Onomástica: 5 de febrero.

AGUSTINA

Etimología: Del latín *Augustinus*, de la casa de Augusto.
Carácter: Curiosa, inteligente y adaptable desea hacerlo todo y ser la mejor, pero pasa con facilidad de un tema a otro sin llegar al fondo de las cosas. Ama el cambio y la libertad, y su ansia de vivir es inagotable, lo que la hace inestable, y si a todo ello añadimos que es autoritaria y temperamental, no es de extrañar que quiera imponerse en la vida y realizar grandes cosas, aún cuando los resultados casi nunca se ajustan a sus esperanzas.
Historia: Es la misma de Agustín, del que es el femenino. Es famosa Agustina de Aragón.
Números: 6 + 8 = 5
Apellidos: Deben cubrir imprescindiblemente los números 6 (F, Ñ, W) y 8 (H, P, Y), por ser números clave.
Onomástica: 16 de noviembre.

ALBA

Etimología: Del latín *albus* = blanco.
Carácter: En su carácter el 7 la convierte en cerebral, reflexiva e introvertida, mientras que el 5 la hace soñadora, idealista y con ansias de libertad, lo que se traduce en un carácter cambiante, llena de dudas y contrastes sobre un fondo de inadaptación, lo que tanto puede conducirla a la agresividad como a la abulia. En el fondo es cerebral, reflexiva e introvertida.

Historia: Proviene de la Virgen del Alba. Es famosa la familia de los Alba, de la más rancia nobleza española.
Números: 2 + 5 = 7
Apellidos: Deben cubrir los números 4, 5, 6, 7, 8, 9, o los máximos posibles; siendo indispensable cubrir el 5 (E, N, V) y el 7 (G, O, X), por ser números clave.
Onomástica: 15 de agosto.

ALEJANDRA

Etimología: Del griego *aleixen* = proteger y *andros* = hombre.
Carácter: Sin perder su elegancia y feminidad, posee temperamento y deseos de triunfar en la vida. Su actitud es una mezcla de reserva y frialdad, pero también es franca y autoritaria, impulsiva e incluso algo agresiva. Pero cuando es capaz de reaccionar a la influencia del 22, incorpora a su personalidad un gran carisma que la hace sobresalir dondequiera se halle.
Historia: Es la misma de Alejandro, del cual es el femenino. Como famosa mencionaremos a Alejandra Feodorovna, la última zarina rusa.
Números: 8 + 5 = 22 = 4
Apellidos: Deben cubrir los números 2, 6, 7, 8 y 9 ausentes; siendo indispensable cubrir el 8 (H, P, Y) por ser un número clave. También es necesario que no existan letras del 1 (A, J, R), para evitar que siga siendo excesivo.
Onomástica: 20 de marzo.

ALFONSINA

Etimología: Del latín *Alfonsinus* = de la familia de Alfonso.
Carácter: Es una mujer engañosa, pues atractiva y sofisticada, cuidando su apariencia y mostrándose encantadora, simpática, seductora y comunicativa, puede parecer superficial. Bajo dicha apariencia existe un fondo de idealismo y religiosidad, a la vez que posee mucha habilidad, buena mentalidad, sentido artístico y capacidad para destacar en cuanto se proponga.
Historia: Aun cuando el femenino de Alfonso es Alfonsa, en la práctica ésta ha sido substituida totalmente por Alfonsina. Como celebridad citaremos a la poetisa argentina Alfonsina Storm.
Números: 9 + 3 = 3
Apellidos: Deben cubrir los números 4 y 8, ausentes.
Onomástica: 1 de agosto.

ALICIA

Etimología: Del griego *aletos* = sincero.
Carácter: Decidida y desbordante de ganas de vivir, cuando le conviene es reservada, obstinada y ambiciosa, práctica y eficaz; pero coqueta y muy femenina, la finalidad de su vida es amar y ser amada, fundar una familia solida y estable, un hogar bello y acogedor.
Historia: Popularizada por la novela de Lewis Carrol, se ha difundido con rapidez. Santa Alicia fue la abadesa de un convento en el siglo XI; como celebre citaremos a la pianista Alicia de Larrocha.

Números: 2 + 6 = 8

Apellidos: Deben cubrir los números 2, 4, 5, 6, 7, y 8, o los máximos posibles, siendo indispensable cubrir los 2 (B, K, S), 6 (F, Ñ, W) y 8 (H, P, Y), números clave.

Onomástica: 11 de junio.

ALMUDENA

Etimología: Del árabe *al-mudaina* = ciudad pequeña.

Carácter: Almudena debe luchar entre dos tendencias: la de una cierta espiritualidad, y la necesidad de independencia. Además de ternura y afecto, busca la seguridad y es una abnegada madre de familia. Cuando responde a la influencia del 11, es menos sentimental, pero capaz de realizar grandes cosas.

Historia: No es una santa, sino la Virgen de la Almudena, patrona de Madrid. Como celebridad citaré a la escritora Almudena Grandes.

Números: 11= 2 + 7 = 9

Apellidos: Deben cubrir los números 2, 6, 7, 8, y 9, o los máximos posibles, siendo indispensable cubrir los 2 (B, K, S), el 7 (G, O, X) y el 9 (I, Q, Z), números claves, y procurar que existan pocas letras del 4 (D, M, U), para evitar que se convierta en excesivo.

Onomástica: 10 de noviembre.

AMALIA

Etimología: Del griego *amalos* = tierno.

Carácter: Es inteligente, dinámica, curiosa y con espíritu de empresa. Nerviosa y siempre tensa con reacciones vivas, pude parecer inestable y versátil, pero siempre buscando preservar su libertad. Sin embargo al ser muy compleja sentimentalmente, en el fondo es algo depresiva y amante de la soledad.

Historia: San Amalio fue arzobispo de Sens. También es conocida la cantante de fados Amalia Rodríguez.

Números: 3 + 7 = 1

Apellidos: Deben cubrir los números 2, 5, 6, 7, y 8, o los máximos posibles, siendo indispensable cubrir el 7 (G, O, X), por ser un número clave. También debe procurarse que no existan (o muy pocas) letras del 1 (A, J, R) para evitar que siga siendo excesivo.

Onomástica: 10 de julio.

AMANDA

Etimología: Del latín *amandus* = digna de ser amada.

Carácter: La contradicción entre su 3 íntimo y su 4 de realización hace que mientras interiormente ansía ver, conocer, viajar y moverse, en su vida diaria debe esforzarse y trabajar pacientemente, contradicción a la que colabora su 7 activo, que la hace indecisa e introvertida, aun cuando a veces, con un 1 excesivo, salga a flote su egocentrismo y testarudez.

Historia: Si bien no conozco a Santa Amanda, en cambio existe Santa Amandina, una franciscana misionera en China, donde fue asesinada en 1900.

Números: 3 + 4 = 7

Apellidos: Deben cubrir los números 2, 3, 6, 7, 8 y 9 ausentes, siendo imprescindible cubrir el 3 (C, L, T) y el 7 (G, O, X), números clave. También conviene que existan muy pocas letras del 1 (A, J, R), para evitar que sea excesivo.

Onomástica: 25 de mayo.

AMELIA

Etimología: Del visigodo *amal* = trabajo.

Carácter: Es una mujer nerviosa e inquieta que necesita acción y cambio; su aspecto es distante y poco sociable, con una pose crítica, escéptica o marginal, ya sea para preservar su independencia y personalidad, o porque no se encuentra a gusto consigo misma. El 7, su número dos veces clave, es ausente, lo que le produce mucha inseguridad, inestable, atormentada e impaciente. Sin embargo, y a pesar de parecer contradictorio, le gustaría vivir en algún lugar retirado y tranquilo donde su lado místico e irracional pudiera desarrollarse, dándole una mayor confianza en sí misma.

Historia: Procede de una línea de reyes visigodos: los Amali. Como celebridad citaremos a la princesa Amelia de Orleans, reina de Portugal.

Números: 7 + 7 = 5

Apellidos: Deben cubrir los números 2, 6, 7 y 8 ausentes; o los

máximos posibles, siendo imprescindible cubrir el 7 (G, O, X) número doblemente clave.
Onomástica: 10 de julio.

ANA

Etimología: Del hebreo *hannah* = compasiva.
Carácter: Tímida y reservada a veces se muestra inquieta y nerviosa, dudando de sus propias capacidades y replegándose en sí misma al menor contratiempo. Pero a la vez tiene la necesidad de nuevas experiencias, lo que la impulsa a exteriorizarse. Por ello pasa de un extremo al otro sin solución de continuidad.
Historia: Santa Ana fue la madre de la Virgen. Personalidades conocidas son las de Ana Belén, Ana Frank y Ana Magnani.
Números: 2 + 5 = 7
Apellidos: Debe procurarse que cubran los números 2, 3, 4, 6, 7, 8 y 9 ausentes, o los máximos posibles, siendo indispensable cubrir los 2 (B, K, S), 5 (E, N, V) y 7 (G, O, X), números clave.
Onomástica: 26 de julio.

ANABEL

Etimología: No podemos precisarla pues se trata de un antiguo nombre escocés: *Annabel.*
Carácter: Voluntariosa, dinámica, emprendedora, discreta y con un

profundo sentido de la justicia, posee una fuerte personalidad que la impulsa a mandar y dirigir; no sabiendo perder, pero afortunadamente sabe elegir bien las oportunidades y sabe llevarlas a la práctica. Se inclina más por la vida profesional que por la familiar.

Historia: No la conocemos, y actualmente se usa como equivalente a Ana Isabel.

Números: 7 + 1 = 8

Apellidos: Deben cubrir los números 4, 6, 7, 8 y 9 ausentes, siendo indispensable cubrir los 7 (G, O, X) y 8 (H, P, Y), números clave.

Onomástica: 26 de julio.

ANDREA

Etimología: Del griego andros = hombre valiente.

Carácter: Voluntariosa, dinámica y emprendedora, deseosa de mandar y dirigir, no soporta el fracaso, pero afortunadamente sabe elegir bien sus oportunidades y aprovecharlas. Es discreta y amante de guardar los secretos, tanto los suyos como los ajenos. Si algo se le puede reprochar, con un 1 excesivo, es un exceso de egocentrismo.

Historia: Es la misma de Andrés, del que es el femenino. No conozco Andreas famosas

Números: 7 + 1 = 8

Apellidos: Deben cubrir los números 2, 3, 6, 7, 8 y 9 ausentes, o los máximos que se pueda, siendo indispensable cubrir el 7 (G, O, X) y el 8 (H, P, X), números clave. También debe evitarse que existan letras del 1 (A, J, R), para evitar que sea excesivo.

Onomástica: 30 de noviembre

ÁNGELA

Etimología: Es el femenino de Ángel.
Carácter: Introspectiva e introvertida, tiende a encerrarse en su torre de marfil cuando la realidad no coincide con sus sueños. Posesiva, detallista y con una fuerte voluntad, y con su 4 activo ausente, puede ir de un extremo al otro, desde abandonarse a trabajar activamente. Cuando responde al 22, supera todos sus problemas internos y es capaz de grandes realizaciones.
Historia: Santa Ángela de Merici fundó el primer convento de las Ursulinas.
Números: 7 + 6 = 22 = 4
Apellidos: Deben cubrir los números 2, 4, 6, 8 y 9 ausentes, o los máximos posibles, siendo indispensable cubrir los 4 (D, M, U) y 6 (F, Ñ, W), números clave.
Onomástica: 27 de enero.

ÁNGELES

Etimología: La misma de Ángel.
Carácter: Afectuosa y sentimental en exceso (2 y 8 ausentes), en su vida se producen fases de entusiasmo y actividad seguidas de pasividad y abandono, buscando una estabilidad difícil de conseguir. Cuando responde al 11, su ambición le permite dominar su lado negativo.
Historia: Proviene de la Virgen de los Ángeles.

Número: 11=2 + 8 = 1

Apellidos: Deben cubrir los números 4, 6, 8 y 9 ausentes, o los máximos posibles, siendo indispensable cubrir el 8 (H, P, Y) número clave.

Onomástica: 2 de agosto.

ANTONIA

Etimología: Es el femenino de Antonio.

Carácter: Tranquila y reservada, seria y profunda, pero también tímida, honesta y concienzuda, idealista y algo mística, con dos 4 en los números clave y ausente en su rejilla, a veces duda de sus capacidades y se protege con un aspecto frío y altanero.

Historia: Santa Antonia nació en Florencia y perteneció a la orden de las Clarisas, llegando a priora. Como celebridad citaremos a María Antonieta de Francia.

Números: 9 + 4 = 4

Apellidos: Deben cubrir los números 2, 4, 6 y 8 ausentes, o los máximos posibles, siendo indispensable cubrir el 4 (D, M, U), número clave.

Onomástica: 29 de abril.

ARACELI

Etimología: Del latín *ara coeli* = altar del Cielo.
Carácter: Nerviosa e inquieta, se muestra distante y poco sociable, ya sea para preservar su intimidad o por sentirse insegura, y ello es por la influencia de sus dos números antagónicos: la del 5, que la hace extrovertida, independiente, variable y deseosa de hacerlo todo a su manera, y la del 7, que la hace introvertida, cerebral y tendente a dejarse llevar por las circunstancias. Pero con otros tres 5 en su rejilla, dominará la parte extrovertida, aun cuando con cierta inestabilidad y cambios de humor.
Historia: Es el nombre de la Virgen de Araceli, adorada en un monasterio en el monte Capitolio en Roma.
Números: 7 + 7 = 5
Apellidos: Deben cubrir los números 2, 4, 6, 7 y 8 ausentes; siendo indispensable cubrir el 7 (G, O, X), número clave. También debe procurarse que no existan (o muy pocos 1 (A, J, R) para evitar que se convierta en excesivo.
Onomástica: 2 de mayo.

ARIADNA

Etimología: Del griego *ari-adnos* = muy indómita.
Carácter: A pesar de su encanto y carisma, con cuatro 1 en su rejilla, es capaz de competir y ganar a la mayoría de los hombres; sin embargo, su amor al detalle y su necesidad de seguridad, hace que

le sea muy difícil demostrar lo que realmente vale. Pero si responde al 22 es capaz de llegar a lo más alto.

Historia: Santa Ariadna fue una joven esclava del siglo III. Además de la Ariadna mitológica, citaremos a la actriz Ariadna Gil.

Numeros: 3 + 1 = 22 = 4

Apellidos: Deben cubrir los números 2, 3, 6, 7 y 8 ausentes, o los máximos posibles, siendo indispensable cubrir el 3 (C, L, T) por ser número clave. También debe evitarse que existan letras del 1 (A, J, R) para evitar que siga siendo excesivo.

Onomástica: 17 de septiembre.

ASUNCIÓN

Etimología: Del latín *assumo* = asumir, atraer.

Carácter: Dulce y agradable, emotiva y abnegada, receptiva, intuitiva e imaginativa, se interesa por las cuestiones humanitarias, sociales y místicas. Su problema mayor consiste en saber hasta dónde puede llegar en su entrega, pues es muy vulnerable.

Historia: Es un nombre derivado del tránsito de la Virgen María. Es actualmente célebre la actriz Assumpta Serna.

Números: 3 + 6 = 9

Apellidos: Deben cubrir los números 6, 8 y 9, ausentes, siendo indispensable cubrir el 6 (F, Ñ, W) y el 9 (I, Q, Z), por ser números clave.

Onomástica: 15 de agosto.

AUDREY

Etimología: El germánico *athal-trut* = de casta noble, dio origen a Edeltrudis, hoy totalmente desaparecida, de cuyas variantes sólo se conserva Audrey.

Carácter: Independiente, individualista, para quien la libertad es algo inalienable, desea hacerlo todo y ser la mejor. Internamente se siente segura de sí misma, de su valor y de la bondad de sus ideas, y para conseguir el éxito se basa en el esfuerzo y la paciencia. Externamente se presenta como una mujer ligera y sin prejuicios, seductora e imprevisible.

Historia: Santa Audrey vivió en la Inglaterra del siglo VII. Es famosa la actriz Audrey Hepburn.

Números: 1 + 4 = 5

Apellidos: Deben cubrir los números 2, 3, 6, 7 y 9 ausentes.

Onomástica: 18 de junio.

AURELIA

Etimología: Del latín *aureus* = dorado.

Carácter: Ordenada, metódica y autoritaria, sus mejores cualidades son la paciencia y la capacidad de trabajo. Muy tranquila, reposada y sin prisas, lo que busca es la tranquilidad y la estabilidad.

Historia: Santa Áurea fue una abadesa que murió de la peste en el año 666. Modernamente es célebre la escritora Aurelia Capmany.

Números: 2 + 4 = 6

Apellidos: Deben cubrir los números 2, 6, 7 y 8 ausentes, o los máximos posibles, siendo indispensable cubrir los 2 (B, K, S) y 6 (F, Ñ, W), números clave. También debe procurarse que existan pocos 1 (A, J, R), que es excesivo.
Onomástica: 2 de diciembre.

AURORA

Etimología: Del latín *Aurora,* la diosa del Alba.
Carácter: Seria, tranquila, consciente de sus obligaciones, deseosa de agradar y dispuesta a colaborar con los demás, lo que más profundamente desea es la estabilidad y la vida familiar. Su mayor defecto es el autoritarismo, la testarudez y el egocentrismo.
Historia: Es una divinidad romana (la Eos griega) que abre las puertas de Oriente para que salga el Sol. Son conocidas Aurora Duval (George Sand), Aurora Bautista y Aurora Redondo.
Números: 4 + 2 = 6
Apellidos: Deben cubrir los números 2, 3, 5, 6, 8 y 9 ausentes, o los máximos posibles de entre éstos, siendo indispensable cubrir el 2 (B, K, S) y el 6 (F, Ñ, W), que son los números clave. Por otra parte, debe evitarse el 1 (A, J, R), que es excesivo.
Onomástica: 8 de septiembre.

AVA

Etimología: Del latín *avis* = ave.

Carácter: Por su 7 activo es tímida, discreta, elegante, enigmática y reservada, a veces se muestra inquieta y nerviosa, dudando de sus capacidades y sopesando el pro y el contra de las cosas antes de decidirse, y replegándose en sí misma al menor contratiempo. Pero todo ello se halla en contradicción con su sed de realización, que la impulsa a exteriorizarse, a conocer nuevas experiencias y conocimientos. Es por ello que pasa de un extremo al otro sin solución de continuidad.

Historia: Santa Ava se retiró a la abadía de Denain al recuperar milagrosamente la vista al tocar las reliquias de Santa Renfroy. Es célebre la actriz Ava Gardner.

Números: 2 + 5 = 7

Apellidos: Deben cubrir los números 2, 3, 4, 6, 7, 8, y 9 ausentes, o los máximos que se pueda; siendo imprescindible cubrir por lo menos el 2 (B, K, S) el 5 (E, N, V) y el 7 (G, O, X), por ser sus números clave.

Onomástica: 5 de febrero.

BÁRBARA

Etimología: Del griego *barbaros* = extranjero.
Carácter: Introvertida y prudente, no por ello deja de ser dulce y encantadora. Es muy emotiva y cuando se siente herida emocionalmente se refugia en sueños quiméricos y utópicos. Muy humana, le gusta participar en tareas sociales y humanitarias, así como en movimientos místicos y esotéricos. Su único defecto es el exceso de emotividad y de autoritarismo.
Historia: Santa Bárbara es la patrona de los artilleros. Son célebres Barbra Streisand y Bárbara Stanwick y, en España, Bárbara Rey.
Números: 3 + 6 = 9
Apellidos: Deben cubrir los números 3, 4, 5, 6, 7, 8 y 9 ausentes, o los máximos posibles, siendo indispensable cubrir los 3 (C, L, T), 6 (F, Ñ, W) y 9 (I, Q, Z), números clave. También debe procurarse que no exista ningún 1 (A, J, R) que es excesivo.
Onomástica: 4 de diciembre.

BEATRIZ

Etimología: Del latín *beatrix* = bienaventurada.
Carácter: Es muy extrovertida y capaz de destacar en cuanto se relacione con la creatividad, la comunicación y la seducción. Es ordenada, metódica y con sentido del detalle, lo que la hace muy crítica. Su único inconveniente es la falta del 6 en su rejilla, lo que hace que le sea difícil encontrar pareja.
Historia: Santa Beatriz murió mártir el año 304. Son famosas la Beatriz de Dante, y la princesa Beatriz de Holanda.
Números: 6 + 6 = 3
Apellidos: Deben cubrir los números 4, 6, 7 y 8 ausentes, o los máximos posibles, siendo indispensable cubrir al 6 (F, Ñ, W), número clave.
Onomástica: 29 de julio.

BELÉN

Etimología: Del hebreo *bet-leem* = casa del pan.
Carácter: En Belén existe un conflicto interno entre el deseo de independencia y dinamismo y la pasividad y dependencia; lo que unido a su inestabilidad hace que en su vida alternen momentos de actividad y audacia con otros de dudas y vacilaciones. Muy emotiva, pero oculta sus emociones, que considera debilidades.
Historia: Es uno de tantos nombres piadosos que llegan a convertirse en nombres de pila. Es conocida la presentadora Belén Rueda.

Números: 1 + 1 = 2

Apellidos: Deben cubrir los números 1, 4, 6, 7, 8, y 9 ausentes, o los máximos posibles, siendo indispensable cubrir el 1 (A, J, R) número clave. También debe procurarse que existan pocos 5 (E, N, V) para evitar que se convierta en excesivo.

Onomástica: 25 de diciembre.

BERTA

Etimología: Del germánico *Berht* = ilustre.

Carácter: Vivaz, alegre y comunicativa, le gusta agradar y sentirse querida. Estudiosa, hábil y adaptable, desea destacar en cuanto se relacione con la creatividad, la expresión o la comunicación. Para ello también se apoya en sus cualidades de orden, método y espíritu crítico; no obstante, y a pesar de ser muy razonable, siempre será ella quien diga la última palabra.

Historia: En sus orígenes Berta era la diosa Berchta germánica. Santa Berta fue la fundadora del monasterio de Avenay. Como célebre citaremos a la princesa Berta de Borgoña, esposa de Roberto II de Francia y a la escritora Berta de Suttner.

Números: 6 + 6 = 3

Apellidos: Deben cubrir los números 4, 6, 7, 8 y 9 ausentes, o los máximos que se pueda, siendo imprescindible cubrir el 6 (F, Ñ, W), por ser un número doblemente clave.

Onomástica: 4 de julio

BLANCA

Etimología: Del germánico blank = blanco.
Carácter: Casi basta con su etimología, pues en ella se trasluce la pureza y la fragilidad y a pesar de ser fiel, responsable y ordenada, paciente y metódica, la verdadera finalidad de su vida es el amor, en el que centra su deseo de estabilidad, felicidad y maternidad.
Historia: San Blanco fue obispo en Escocia en el siglo VI. Como célebres citaremos a la reina Blanca de Castilla y a Blanca de Artois.
Números: 2 + 4 = 6
Apellidos: Deben cubrir los números 4, 6, 7, 8 y 9 ausentes, o los máximos posibles, siendo indispensable cubrir el 4 (D, M, U) y el 6 (F, Ñ, W), números clave.
Onomástica: 5 de agosto.

BRÍGIDA

Etimología: Del celta *brigh* = fuerza.
Carácter: Emotiva y sensible, es una mujer hecha para el hogar y la familia. Activa, dinámica, ordenada y metódica, desde muy joven ya está dispuesta a asumir sus responsabilidades. Pero bajo un aspecto tranquilo que reconforta y atrae, se esconde un temperamento nervioso que necesita dar salida mediante una gran actividad, y cuando no puede, es fácil que se deje llevar por arrebatos más o menos violentos.

Historia: Santa Brígida fue una princesa sueca que se instaló en Roma al quedar viuda, muriendo en 1373, al regreso de un viaje a Tierra Santa. Como famosas citaremos a las actrices Brigitte Bardot y Brigitte Fossey

Números: $1 + 5 = 6$.

Apellidos: Deben cubrir los números 3, 5, 6 y 8 ausentes, siendo imprescindible cubrir el 5 (E, N, V) y el 6 (F, Ñ, W), por ser números clave.

Onomástica: 1 de febrero.

CARINA

Etimología: Del griego *xarino* = gracioso.
Carácter: Es una mujer con la que se puede contar; seria y austera, cuando responde a su 11 íntimo desea ser útil a los demás y le gustaría promover un mundo mejor y más humano; pero si sólo responde al 2, sus ambiciones se limitan al hogar y la profesión, sin perder por ello su sensibilidad y romanticismo.
Historia: Santa Carina fue una mártir cristiana del siglo IV. Está de moda la cantante Carina por sus amoríos.
Números: 11= 2 + 9 = 2
Apellidos: Deben cubrir los números 2, 4, 6, 7 y 8 ausentes, o los máximos posibles, siendo indispensable cubrir el 2 (B, K, S) número clave. También debe procurarse que existan pocos 1 (A, J, R) para que no sea excesivo.
Onomástica: 7 de noviembre.

CARLOTA

Etimología: Es el femenino de Carlos, pero en su forma francesa que ha desbancado a la española de Carla.

Carácter: La libertad y la independencia son algo sagrado para ella. Adaptable, elegante, curiosa y con una inteligencia capaz de asimilar ideas y experiencias, se considera capaz de hacer cuanto hagan los demás, y quizás mejor. Sin embargo debe dominar su excesiva tendencia al cambio y la versatilidad, que pueden convertir su vida en inestable.

Historia: Muchas princesas llevaron dicho nombre, y más actualmente la escritora Charlotte Bronte.

Números: 9 + 5 = 5

Apellidos: Deben cubrir los números 2, 4, 5, 6, 8 y 9, ausentes, o los máximos posibles, siendo indispensable cubrir el 5 (E, N, V) y el 9 (I, Q, Z) números clave. También debe procurarse que existan pocas letras del 1 (A, J, R) y del 3 (C, L, T), para evitar que sean excesivos.

Onomástica: 17 de julio.

CARMEN

Etimología: Proviene del monte Carmelo, en Galilea.

Carácter: Con una autoridad natural y gran fuerza de persuasión suele conseguir la independencia y además mandar y dirigir, aun cuando sea a base de esfuerzo y paciencia; pero una vez conseguidos sus objetivos sabe mantenerlos y estabilizarse. A pesar de ser bastante sociable y gustarle sentirse admirada, sabe mantener las distancias con suficiente destreza para que no se note.

Historia: Es el nombre de la Virgen del Carmen, patrona de los marineros y una de las más adoradas en España. Son célebres Carmen Laforet, Carmen Amaya, Carmen Sevilla y Carmen Maura.

Números: 6 + 4 = 1

Apellidos: Deben cubrir los números 2, 6, 7, 8 y 9 ausentes, o los máximos posibles, siendo indispensable cubrir el 6 (F, Ñ, W), número clave.

Onomástica: 16 de julio.

CAROLINA

Etimología: La misma de Carlos.

Carácter: Atractiva y sofisticada, encantadora, simpática, seductora y muy comunicativa, puede parecer superficial, pero en el fondo es idealista e incluso a veces religiosa, poseyendo además mucha habilidad y buena mentalidad, sentido artístico y capacidad de destacar en cualquier actividad que se proponga.

Historia: En realidad Carolina es un hipocorístico de Carla y Carlota, a las cuales está sustituyendo cada vez más. Son célebres Carolina Murat y Carolina de Mónaco.

Números: 9 + 3 = 3

Apellidos: Deben cubrir los números 2, 4, 6 y 8 ausentes, o los máximos posibles.

Onomástica: 4 de noviembre.

CATALINA

Etimología: Del griego *katharos* = puro.

Carácter: Apasionada, enérgica, autoritaria y obstinada, Catalina desea conseguir poder y riqueza, para lo que también aprovecha su capacidad de asimilar ideas y experiencias. Sin embargo, también es muy curiosa, activa y enemiga de la rutina, y con el 3 y el 1 dominantes en su rejilla puede llegar a ser demasiado impetuosa y superficial.

Historia: Santa Catalina de Alejandría y Santa Catalina de Bolonia son dos de las muchas santas de este nombre. Son célebres Catherine Deneuve, Katherine Hepburn y Katherine Mansfield.

Números: 3 + 5 = 8

Apellidos: Deben cubrir los números 2, 4, 6, 7 y 8 ausentes, o los máximos posibles, siendo indispensable cubrir el 8 (H, P, Y), número clave. También debe procurarse que existan pocos 1 (A, J, R) y 3 (C, L, T) para evitar que sigan siendo excesivos.

Onomástica: 29 de abril.

CECILIA

Etimología: Del latín *coecus* = ciego.

Carácter: Nacida para amar y seducir, sabe aceptar sus responsabilidades, siendo metódica y ordenada. Sin embargo, con tres 3 en su rejilla puede convertirse en emotiva y superficial, dispersándose en exceso. También su 6 ausente le hace desear tanto la perfección que termina por no hallarla ni en sí misma ni en los demás.

Historia: Santa Cecilia, mártir del siglo II, es la patrona de la música. Son famosas Cecilia Bohl de Faber (Fernán Caballero), Cecilia Sorel y Cecilia Aubry.

Números: 6 + 9 = 6

Apellidos: Deben cubrir los números 2, 4, 6, 7 y 8 ausentes, o los máximos posibles, siendo indispensable cubrir el 6 (F, Ñ, W), número clave. También deben existir muy pocos 3 (C, L, T) para evitar que siga siendo excesivo.

Onomástica: 22 de noviembre.

CELESTE

Etimología: Del latín *caelestis* = celeste o divino.

Carácter: Enérgica, obstinada con una gran ambición y deseos de conseguir poder y riqueza, puede ser una excelente mujer de negocios, pero para ello necesita sentirse motivada y ver claras las cosas antes de lanzarse. Dado que es perspicaz es muy difícil que se deje engañar. Sin embargo, cuando no responde a la influencia del 11 y se limita al 2, sus ambiciones son más moderadas y se conforma con el trabajo en equipo, aun cuando siga deseando mantenerse en un primer plano.

Historia: El nombre de Celeste, portado por un obispo de Metz en el siglo IV, se ha convertido, no sabemos como, en un nombre únicamente femenino.

Números: 6 + (11 = 2) = 8

Apellidos: Deben cubrir los números 1, 4, 6, 7, 8 y 9 ausentes, o los

máximos que se pueda, siendo indispensable cubrir el 6 (F, Ñ, W) y el 8 (H, P, Y) por ser números clave. También debe evitarse la existencia de letras del 3 (C, L, T) y del 5 (E, N, V) para que dejen de ser excesivos.
Onomástica: 17 de mayo

CHANTAL

Etimología: Del occitano *cantal* = piedra.
Carácter: Cuando responde a la influencia del 22 se convierte en el arquetipo de la belleza apasionada, del entusiasmo por las causas nobles a las que se entrega por completo, con ambición y deseos de ser conocida. Cuando sólo responde al 4, si bien sigue siendo ambiciosa y apasionada, se limita y es consciente de que el éxito no siempre es brillante ni llega de golpe, sino que debe conseguirse a base de trabajo y paciencia.
Historia: Santa Juana de Chantal fundó la orden de las Visitadoras en el siglo XVII. Como famosas citaremos a la cantante Chantal Nobel.
Números: 2+ (22 = 4) = 6
Apellidos: Deben cubrir los números 2, 4, 6, 7 y 9 ausentes, o por lo menos y de forma imprescindible el 2 (B, K, S), el 4 (D, M, U) y el 6 (F, Ñ, W), sus números clave. También debe procurarse que existan pocas letras del 3 (C, L, T) para evitar que sea excesivo.
Onomástica: 12 de diciembre.

CLARA

Etimología: Del latín *clarus* = claro, limpio.
Carácter: Por un lado con un ego muy fuerte, autoritaria e independiente, y por el otro tímida, emotiva e inestable, procura aparecer fría y distante para evitar desengaños que la hunden en el pesimismo. Por ello, a menos que pueda compaginar estas tendencias asumiendo la dirección de alguna entidad humanitaria, terminará encerrándose en sí misma.
Historia: Santa Clara fundó la orden de las Clarisas. Son célebres Clara Schuman, Clara Campoamor y Clareta Petacci.
Números: 2 + 7 = 9
Apellidos: Deben cubrir los números 2, 4, 5, 6, 7, 8 y 9 ausentes, o los máximos posibles, siendo indispensable cubrir los 2 (B, K, S), 7 (G, O, X) y 9 (I, Q, Z), números clave. También debe procurarse que existan pocos 1 (A, J, R), para que no sea excesivo.
Onomástica: 11 de agosto.

CLOTILDE

Etimología: Del germánico *hlod-hild* = guerrero glorioso.
Carácter: Es una mujer con una fuerte personalidad, dinámica, hábil, inteligente, jovial, simpática, acogedora y deseosa de hacer amistades y establecer contactos. A veces muestra deseos de aparentar ser dueña de su propia vida, mientras que otras busca la facilidad y el dejarse llevar por las circunstancias de la vida.

Historia: Santa Clotilde era la esposa de Clodoveo, rey de los Francos. Como famosa citaremos a Clotilde de Saboya.

Números: 3 + 7 = 1

Apellidos: Deben cubrir los números 1, 2, 6 y 8 ausentes, o los máximos que se pueda, siendo imprescindible cubrir el 1 (A, J, R), por ser un número clave. También debe evitarse que existan letras del 3, para evitar que siga siendo excesivo.

Onomástica: 3 de junio

CONCEPCIÓN

Etimología: Del latín *conceptio* = concepción.

Carácter: De acusada personalidad, activa, dinámica y emprendedora, desea estar en el escenario de la vida para representar su papel y ser admirada. Pero también es capaz de organizar y administrar. Pero sensible y emotiva, es capaz de entregarse abnegadamente a cualquier causa humanitaria si puede ocupar un lugar destacado.

Historia: Se refiere a la Sagrada Concepción de la Virgen María. Son célebres Concepción Arenal, Concha Piquer y Concha Velasco.

Números: 1 + 9 = 1

Apellidos: Deben cubrir los números 1, 2, 4 y 6 ausentes, o los máximos posibles, siendo indispensable cubrir el 1 (A, J, R) número clave. También deben existir pocos 3 (C, L, T) y 5 (E, N, V) para evitar que se conviertan en excesivos.

Onomástica: 8 de diciembre.

CRISTINA

Etimología: Del latín *christianus* = cristiano.

Carácter: Es metódica y ordenada, con capacidad de mando y decisión; agradable y encantadora, en el fondo es una idealista que aspira a vivir libremente y sueña con grandes proyectos. Los sentimientos son muy importantes para ella, pero en el amor desea llevar la iniciativa.

Historia: Santa Cristina se dedicó a convertir a los bárbaros en el siglo IV. Fue famosa la reina Cristina de Suecia, y actualmente la princesa Cristina, Cristina Onassis y Cristina Almeida.

Números: 5 + 6 = 1

Apellidos: Deben cubrir los números 4, 6, 7 y 8 ausentes, o los máximos posibles, siendo indispensable cubrir el 6 (F, Ñ, W), número clave.

Onomástica: 24 de julio.

DÉBORA

Etimología: Del hebreo *deborah* = abeja.

Carácter: Introvertida y cerebral, inquieta y reservada, tierna y receptiva, tiende ante todo a protegerse y evitar problemas y dificultades, pues siendo muy sensible e impresionable se siente herida con gran facilidad. Sin embargo, en la vida cotidiana se desenvuelve con habilidad para hallar la estabilidad material y anímica que precisa.

Historia: La Débora bíblica es la nodriza de Rebeca. Son famosas Débora Kerr, Débora Paget y Debbie Reynols.

Números: 7 + 4 = 2

Apellidos: Deben cubrir los números 3, 6, 8 y 9, ausentes, o los máximos posibles.

Onomástica: 21 de septiembre.

DIANA

Etimología: Del latín *diviana*, nombre de la diosa lunar, la diosa Diana cazadora.
Carácter: Tiene una fuerte personalidad; humana, emotiva, intuitiva y altruista, ambiciona colaborar para construir un mundo mejor cuando responde al 11; y de una forma más pasiva y personal cuando sólo responde al 2. Pero en todos los casos posee un buen sentido práctico de la vida, pero, romántica y soñadora necesita de la vida familiar.
Historia: La bienaventurada Diana nació en Bolonia a principios del siglo XIII. Son muchas las Dianas célebres, pero nos limitaremos a Diana Dors, Diana Durbin, y la princesa (o ex) Diana de Gales.
Números: 11= 2 + 9 = 2
Apellidos: Deben cubrir los números 2, 3, 6, 7 y 8 ausentes, o los máximos posibles, siendo imprescindible cubrir el 2 (B, K, S), número clave.
Onomástica: 9 de junio.

DOLORES

Etimología: Del latín *doleo* = sufrir.
Carácter: En Dolores existe una lucha interna entre el 1, dinámico, autoritario e individualista, y el 2, pasivo y dependiente, por lo que su vida se desarrolla entre dichas alternativas, entre la abnegación y

el egocentrismo. Muy sensible y emotiva, tiende a ocultar sus emociones.
Historia: Es un nombre típicamente español alusivo a los Siete Dolores de la Virgen. Son famosas Lola Montes, Dolores Ibárruri, Dolores del Rio, Lola Flores y su hija Lolita.
Números: 1 + 1 = 2
Apellidos: Deben cubrir los números 6, 8 y 9, ausentes.
Onomástica: 15 de septiembre.

DOROTEA

Etimología: Del griego *doron* = regalo y *Theos* = Dios.
Carácter: Muy sensible y emotiva, no por ello deja de ser capaz de asumir sus responsabilidades, y si de algo peca es de falta de diplomacia. Fiera y orgullosa, nerviosa y oportunista y con gran sentido práctico, es una mujer de acción.
Historia: Santa Dorotea fue decapitada a fines del siglo II. Son célebres Doris Day y Dorothy Lamour.
Números: 2 + 8 = 1
Apellidos: Deben cubrir los números 2, 6, 8 y 9 ausentes, o los máximos que se pueda, siendo indispensable cubrir el 2 (B, K, S) y el 8 (H, P, Y), números clave.
Onomástica: 6 de febrero.

EDITA

Etimología: Del germánico *ed-gyth* = lucha por la riqueza.
Carácter: Cuando es capaz de responder a la influencia del 22 es una mujer que parece inasequible, pero que no deja indiferente gracias a su carisma personal. Introvertida, intuitiva, clarividente, metódica y buena organizadora, es muy prudente y sabe dejarse llevar por la corriente cuando le conviene para salvaguardar su independencia, y sus objetivos se centran en desarrollar su creatividad, ya sea en cuestiones artísticas o humanitarias. Su mayor defecto es ser poco comunicativa. Cuando sólo responde al 4, sus metas son muy inferiores, y es como una hormiguita que va haciendo su camino con orden, rigor y constancia, pero más sensible y emotiva, carece del espíritu de lucha.
Historia: Santa Edit era la hija de San Edgar, pasando su corta vida en el monasterio de Wiltton, donde murió en 984. Como famosas citaremos a la cantante Edith Piaf y la que fue Primera Ministra de Francia, Edith Cresson.
Números: 6 + 7 = 22 = 4
Apellidos: Deben cubrir los números 2, 6, 7 y 8 ausentes, o por lo menos de forma indispensable el 6 (F, Ñ, W) y el 7 (G, O, X), números clave.
Onomástica: 16 de septiembre.

ELENA

Etimología: Del griego *hele* = luminoso

Carácter: Afectuosa y sentimental, busca el amor y la vida en pareja, aun cuando su 2 y 8 ausentes incrementen en exceso su emotividad y su falta de diplomacia, al mismo tiempo que el exceso de 5 hace que con frecuencia su vida sea inestable y movida, a menos que responda al 11, en cuyo caso la ambición le ayudará a ser más concreta.

Historia: Se dice que Santa Helena descubrió las reliquias de la Santa Cruz. A parte de Elena de Troya, son célebres la princesa Elena, Helen Keller, Helena P. Blavatski y Helen Hayes.

Números: 11 = 2 + 8 = 1

Apellidos: Deben cubrir los números 2, 4, 6, 7, 8 y 0 ausentes, o los máximos que se pueda, siendo imprescindible cubrir el 2 (B, K, S) y el 8 (H, P, Y), números clave. También debe procurarse que tengan muy pocos 5 (E, N, V) para evitar que siga siendo excesivo.

Onomástica: 18 de agosto.

ELISA

Etimología: Del hebreo *Elyasa* = Dios ayuda.

Carácter: Elegante y adaptable sabe sacar provecho de todas las circunstancias. A pesar de ser sensible y cooperadora, su 6 ausente puede incitarla a evitar responsabilidades y hacerle difícil elegir cuando se le presentan varias opciones.

Historia: San Eliseo fue un profeta de Israel. Son célebres Elisa Bonaparte, Elsa Maxwell y Elisenda de Montcada.
Números: 6 + 5 = 2
Apellidos: Deben cubrir los números 4, 6, 7 y 8 ausentes, o los máximos posibles, siendo imprescindible cubrir el 6 (F, Ñ, W), número clave.
Onomástica: 2 de diciembre.

ELVIRA

Etimología: Del germánico *athal- wira* = noble protector.
Carácter: Nacida para amar, seducir y repartir paz y armonía, es responsable y metódica pero excesivamente detallista, aunque de vez en cuando le asalta la tentación de la aventura. Sin embargo, su emotividad y abnegación le impulsan a tomar parte en asociaciones de carácter humanitario o social.
Historia: Santa Elvira era abadesa del monasterio de Oerhen, en Alemania. Citaremos a la actriz Elvira Quintillá.
Números: 6 + 9 = 6
Apellidos: Deben cubrir los números 2, 4, 6, 7 y 8 ausentes, o los máximos que se pueda, siendo imprescindible cubrir el 6 (F, Ñ, W), número clave.
Onomástica: 25 de enero.

EMILIA

Etimología: Del griego *aimilios* = amable.
Carácter: Es introvertida y tiende a encerrarse en sí misma cuando las circunstancias le son adversas, pues sensible y emotiva no está bien dotada para la lucha y se estresa con facilidad. Posesiva y ahorradora, ordenada, metódica y muy detallista, le gusta almacenar y guardar, pues siente la atracción del pasado, de la historia y las antigüedades. Su mayor defecto es la falta de comunicación: necesita que adivinen lo que quiere o espera.
Historia: Santa Emilia de Córdoba murió mártir en el siglo IX. Como celebridades citaremos a Emily Dickinson, Emilia Pardo Bazán y Emily Brontë.
Números: 6 + 7 = 4
Apellidos: Deben cubrir los números 2, 6, 7 y 8 ausentes, o por lo menos de forma imprescindible el 6 (F, Ñ, W) y el 7 (G, O, X), por ser números clave.
Onomástica: 5 de abril.

EMMA

Etimología; Del griego *emmanu-El* = Dios está con nosotros.
Carácter: Es una mujer que desea hacerlo todo y ser la mejor gracias a su capacidad organizadora, su mente rápida y su adaptabilidad. Sin embargo, su curiosidad y necesidad de cambio la hacen inestable e independiente. Pero el exceso de 4 en su rejilla pueden

coartar su amplitud de miras y convertirla en rutinaria.
Historia: Santa Emma, hija de un rey sajón en el siglo X. Es muy conocida la actriz Emma Penella.
Números: 6 + 8 = 5
Apellidos: Deben cubrir los números 2, 3, 6, 7, 8 y 9 ausentes, o los máximos que se pueda, siendo imprescindible cubrir el 6 (F, Ñ, W) y el 8 (H, P, Y), números clave.
Onomástica: 2 de enero.

ENRIQUETA

Etimología: Del germánico *haim-rik* = casa del rey.
Carácter: Agradable, servicial, afectuosa, ordenada y metódica, sabe hacer frente a sus responsabilidades y obligaciones; su emotividad e imaginación son muy poderosas y aprecia sobremanera el mundo de las formas y los colores, de la belleza en general. Su capacidad de entrega hace que sienta la necesidad de dar sentido a su existencia, y es feliz sintiéndose útil.
Historia: Es la misma de Enrique, del que es el femenino. Son muy conocidas la escritora inglesa Beecher Stowe, y la actriz Queta Claver.
Números: 6 + 9 = 6
Apellidos: Deben cubrir los números 2, 6, 7 y 8 ausentes, o por lo menos, de forma imprescindible, el 6 (F, Ñ, W), por ser un número dos veces clave. También debe procurarse que existan muy pocas letras del 5 (E, N, V) para evitar que se convierta en excesivo.
Onomástica: 13 de julio.

ESPERANZA

Etimología: Del latín *spes* = esperanza.
Carácter: Dinámica y emprendedora, jovial y simpática, se interesa por todo, tanto intelectual como creativamente. Es autoritaria, pero dispersa, necesitando pensar mucho antes de tomar una decisión. A pesar de su aparente extroversión, lo que le interesa es su vida interna.
Historia: Santa Esperanza fue martirizada en el siglo II. Son célebres la gimnasta Nadia Comaneci y la escritora Nadine Gordimer.
Números: 3 + 7 = 1
Apellidos: Deben cubrir los números 3, 4, 6, y 7 ausentes, o los máximos que se pueda, siendo imprescindible cubrir el 3 (C, L, T) y el 7 (G, O, X), números clave.
Onomástica: 18 de diciembre.

ESTEFANÍA

Etimología: Del griego *stephamos* = coronado.
Carácter: Independiente, segura de sí misma, hábil, ingeniosa, con cierto sentido artístico y rápida inteligencia, quiere vivir su vida sin cortapisas. A pesar de su carácter indisciplinado, es sensible, sensual y tolerante, y sabe dejarse llevar por los acontecimientos y esperar el momento propicio para imponerse.
Historia: Santa Estefanía nació en las proximidades de Brescia en el siglo XV. Es célebre actualmente Estefanía de Mónaco.

Números: 3 + 7 = 1

Apellidos: Deben cubrir los números 4, 7 y 8 ausentes, o los máximos que se pueda, siendo imprescindible cubrir el 7 ((G, O, X), número clave.

Onomástica: 16 de enero.

ESTER

Etimología: De la diosa babilónica Isthar, de la que deriva *ester* = estrella.

Carácter: Misteriosa y enigmática, algo distante, refinada y elegante, metódica y ordenada, desea ser independiente, lo que le es difícil por su 7 ausente, que le causa inseguridad. Sin embargo, reservada e indecisa tiende más hacia la vida interior.

Historia: La Santa Ester bíblica, salvadora de su pueblo. Fue famosa la actriz y nadadora Ester Williams.

Números: 1 + 6 = 7

Apellidos: Deben cubrir los números 4, 6, 7, 8 y 9 ausentes, o los máximos que se pueda, siendo indispensable cubrir el 6 (F. Ñ, W) y el 7 (G. O. X), números clave.

Onomástica: 8 de diciembre.

EUGENIA

Etimología: Del griego *eu-genos* = bien engendrado.
Carácter: Es encantadora, dulce, agradable, introvertida, prudente, y a veces, algo desconfiada. Muy emotiva y sensible es muy fácil herirla, por lo que se protege refugiándose en sueños fantasiosos o utópicos. Muy humanitaria, le gusta participar en tareas sociales y humanitarias, así como en movimientos místicos y esotéricos. Su único defecto con un 5 excesivo, es el de ser algo inestable.
Historia: Santa Eugenia de Córdoba fue decapitada por los árabes en el año 921. La personalidad más conocida es la de Eugenia de Montijo, la esposa de Napoleón III.
Números: 6 + 3 = 9
Apellidos: Deben cubrir los números 2, 3, 7 y 8 ausentes, o los máximos que se pueda, siendo imprescindible cubrir el 3 (C, L, T), por ser un número clave. También debe evitarse al máximo las letras del 5 (E, N, V) para evitar que sigan siendo excesivas.
Onomástica: 25 de diciembre.

EULALIA

Etimología: Del griego *eu-lalos* = elocuente.
Carácter: Desbordante de vitalidad y alegría de vivir, cuando le conviene se muestra reservada, enérgica, ambiciosa y obstinada. A pesar de ser generosa e interesarse por quienes la rodean, es muy consciente de las realidades de la vida y sabe mostrarse práctica y

eficaz. Pero la verdadera finalidad de su vida es el amor.

Historia: Santa Eulalia, mártir del siglo IV, es la patrona de Barcelona. Como celebridad citaremos a Eulalia Vintró.

Números: 2 + 6 = 8

Apellidos: Deben cubrir los números 2, 6, 7 y 8 ausentes; siendo imprescindible cubrir el 2 (B, K, S), el 6 (F, Ñ, W) y el 8 (H, P, Y), números clave.

Onomástica: 12 de febrero.

EVA

Etimología: Del hebreo *hiyya* = fuente de vida.

Carácter: Bajo su apariencia dúctil y maleable y cooperadora, es activa y dinámica, sabiendo hacer valer sus derechos. Es amante de la paz, pero también sabe luchar y hacer gala de su mente metódica y bien organizada. Pero si responde al 11, su intuición y carisma personal son capaces de convertirla en una líder.

Historia: Es la Eva bíblica, madre de la humanidad. Son famosas Eva Lavallière, Eva Bartok, Eva Curie y Evita Perón.

Números: 6 + 5 = 11 = 2

Apellidos: Deben cubrir los números 2, 3, 4,6, 7, 8 y 9 ausentes, o los máximos que sea posible, siendo imprescindible cubrir el 2 (B, K, S) y el 6 (F, Ñ, W), números clave.

Onomástica: 6 de septiembre.

FÁTIMA

Etimología: Del árabe *fatima* = doncella.
Carácter: Hogareña y necesitada de tranquila estabilidad, es muy feliz cuando se halla rodeada de su familia. Trabajadora y paciente, organizada y metódica, a pesar de ser algo autoritaria, desea llevar una vida apacible. Cuando responde al 11 se le despierta la ambición y se hacen más evidentes sus capacidades de organización y mando.
Historia: Además de la hija del profeta Mahoma, se ha santificado el nombre de Fátima en honor a Nuestra Señora del Rosario de Fátima.
Números: 11 = 2 + 4 = 6
Apellidos: Deben cubrir los números 2, 5, 7, y 8 ausentes, o los máximos que se pueda, siendo imprescindible cubrir el 2 (B, K, S), número clave.
Onomástica: 13 de mayo.

FEDERICA

Etimología: Del germánico *fried* = paz y *rik* = rey
Carácter: Por un lado siente la necesidad de cambios y nuevas experiencias, y por otro, su sentido de la estabilidad, su necesidad de una vida interior e incluso de una búsqueda más espiritual, le ocasionan inesperados cambios de humor y de conducta, pudiendo pasar de la exaltación y el entusiasmo a la pasividad, las dudas y las vacilaciones.
Historia: Es la misma de Federico, del que es el femenino. Como celebridad citaremos a Federica Montseny.
Números: 2 + 5 = 7
Apellidos: Deben cubrir los números 2, 7 y 8 ausentes, pero imprescindiblemente el 7 (G, O, X), número clave.
Onomástica: 18 de julio.

FLORENCIA

Etimología: Del latín *Flora*, la diosa de las flores.
Carácter: Tranquila, reservada, seria, tímida, introvertida y a veces algo distante, está dotada de elevadas cualidades morales y no teme la soledad. Poco espontánea, emotiva e hipersensible es muy fácil herirla, por lo cual se muestra distante y prefiere ser ella misma quien soluciones sus problemas. Trabajadora y paciente, tanto se interesa por el pasado como por el presente, siempre deseando ser útil, pues en su interior bulle algo de misticismo, especialmente

cuando es capaz de responder al 22, en cuyo caso desea realizarse en un plano universal.

Historia: Santa Florencia era la hermana de San Isidoro de Sevilla, y mártir como él. Son conocidas la enfermera Florence Nightingale y la fotógrafa Florence Enstwille.

Números: $22 = 4 + 9 = 4$

Apellidos: Deben cubrir los números 2, 4 y 8 ausentes, o por lo menos, de forma imprescindible, el 4 (D, M, U), por ser un número clave.

Onomástica: 10 de noviembre.

FRANCISCA

Etimología: Es la misma de Francisco.

Carácter: Es reservada e introvertida, pues todos sus números son pasivos y el 4 es ausente. Emotiva y sensible, intenta ocultar sus emociones y se muestra desconfiada y susceptible, escéptica y pesimista; no cree en la suerte y por ello se excede en el trabajo, en el que es detallista y voluntariosa. Reflexiva, prudente, egocéntrica y con un gran sentido de la economía, es una mujer de principios. Pero en el fondo es frágil, dependiente e incluso con un sentimiento de inferioridad. Cuando es capaz de responder al 11 sus ambiciones serán más elevadas y quizás llegue a convertirlas en realidades.

Historia: Santa Francisca Romana fundó la orden de las Oblatas, y al sobrevivir a su marido se ha convertido en la patrona de las viudas.

Números: $11 = 2 + 2 = 4$

Apellidos: Deben cubrir los números 4, 7 y 8 ausentes, siendo

imprescindible cubrir el 4 (D, M, U), número clave.
Onomástica: 9 de marzo.

GABRIELA

Etimología: Del hebreo *gabri-El* = héroe de Dios.

Carácter: Seria, tranquila, estable, sensible y emotiva, se muestra reservada e inhibida. Muy trabajadora, paciente, concienzuda, analítica, escéptica y con un gran sentido de la justicia, se halla capacitada para cualquier clase de trabajo, negocio o estudios, pues además es amiga del trabajo en equiupo. A pesar de parecer rígida y distante, siempre se puede confiar en ella.

Historia: Al igual que Gabriel, su nombre proviene del arcángel bíblico, siendo célebres las escritoras Colette y Mistral, las actrices Gabriele Morlay y la modista Gabrielle «Cocó» Chanel.

Números: 4 + 7 = 2

Apellidos: Deben cubrir los números 4, 6 y 8 ausentes, o por lo menos, de forma imprescindible el 4 (D, M, U) por ser un número clave.También conviene que existan pocas letras del 1 (A, J, R) para evitar que sea excesivo.

Onomástica: 29 de septiembre.

GEMA

Etimología: Del latín *gemma* = piedra preciosa.
Carácter: Es enérgica y emprendedora, obstinada, reservada, segura de sí misma y deseosa de conseguir poder y riqueza, aunque algunas veces dude interiormente de sus capacidades (sus tres números claves son ausentes); sin embargo, pronto se sobrepone y es capaz de hacer frente a los imprevistos. Algo perezosa en el fondo, cuando se siente motivada se convierte en eficaz, práctica, perfeccionista y bien organizada. Con un gran sentido de la amistad, sabe mostrarse generosa, aunque a veces sea poco tolerante con aquellos que ama. Cuando responde al 11 todavía es más activa y ambiciosa, pero también más original.
Historia. Santa Gemma Galgani fue canonizada en 1940. Al ser tan reciente, todavía no conocemos celebridades con dicho nombre.
Números: 6 + 2 (11) = 8
Apellidos: Deben cubrir los números 2, 3, 6, 8 y 9 ausentes, o los máximos que se pueda, siendo imprescindible cubrir los 2 (B, K, S), 6 (F, Ñ, W) y 8 (H, P, Y), números clave.
Onomástica: 14 de mayo

GENOVEVA

Etimología: Del germánico *geno*-wifa = mujer de raza.
Carácter: Vive una contradicción difícil de superar, pues su 4 activo que debería convertirla en ordenada, constante, detallista, seria,

estable y disciplinada, es ausente, por lo que a menos que su número hereditario lo cubra, le será muy difícil hacer realidad dichas cualidades, y sólo puede lograrlo tras muchas dificultades y esfuerzos. Su 9 íntimo, la convierte en idealista, abnegada y con un profundo sentido místico y humanitario; pero además, cinco de sus ocho letras son 5, lo que la hace muy inestable y versátil. Sólo si fuese capaz de responder a la influencia del 22 podría realizarse en tareas creativas y alcanzar elevadas cotas de entrega, e incluso de santidad.

Historia: Se dice que Santa Genoveva salvó por dos veces la ciudad de París, por lo que es la patrona de dicha ciudad. Como celebridades podemos citar a Genoveva de Brabante, la actriz Jennifer Jones y la tenista Jennifer Capriati.

Números: 9 + (22 = 4) = 4

Apellidos: Deben cubrir los números 2, 3, 4, 6, 8 y 9 ausentes, o los máximos que se puedan, siendo imprescindible cubrir el 4 (D, M, U) su número clave más importante. También es necesario que no existan letras del 5 (E, N, V) para evitar que siga siendo excesivo.

Onomástica: 3 de enero.

GERALDINA

Etimología: Del germánico *ger-hard* = lanza dura.

Carácter: Muy emotiva y sentimental, activa y abnegada, cuando se siente contrariada o herida se encierra en sí misma o descarga su frustración trabajando intensamente, a poder ser en equipo, y con un elevado sentido de la justicia y deseosa de una evolución interior, mejor si puede ser en tareas con un fondo social y humanitario.

Historia: El verdadero femenino de Gerardo es Gerarda, pero es un

nombre que ha desaparecido totalmente, siendo substituido por Geraldina. Como célebres podemos citar a las actrices Geraldine Page y Geraldine Chaplin.
Números; 7 + 2 = 9
Apellidos: Deben cubrir los números 2, 6 y 8 ausentes.
Onomástica: 5 de diciembre.

GISELA

Etimología: Del germánico *gisil* = flecha.
Carácter: Emotiva e intuitiva, encantadora y sensual, con una inteligencia viva y facilidad de palabra, parece la encarnación del eterno femenino; pero bajo esta apariencia superficial existe una utópica idealista que busca un sentido a la vida, ya sea en asociaciones humanitarias, sociales o artísticas. Cuando no lo logra vive su ideal a través de sueños fantasiosos y quiméricos o se dirige al mundo de lo extraño y oculto.
Historia: La bienaventurada Gisela era la hija de Enrique II de Baviera. Son famosas Gisele Halimi y Gisele Pascal.
Números: 6 + 3 = 9
Apellidos: Deben cubrir los números 4, 6 y 8 ausentes, o los máximos que se pueda, siendo imprescindible cubrir el 6 (F, Ñ, W), número clave.
Onomástica: 21 de mayo

GLORIA

Etimología: Del latín *gloria* = gloria, fama.
Carácter: Es una mujer afectiva, pero enérgica y ambiciosa; en su carácter existe una problemática entre su 1, autoritario e individualista, y el 2, estabilizador, paciente laborioso y pasivo. Pero además, su 8 la hace reservada y ambiciosa, y siendo el 2 y el 8 ausentes, carece de diplomacia y tiende a los excesos y a la falta de equilibrio: por todo ello, necesita mandar y sentirse protegida, siendo caprichosa y posesiva. Pero si responde al 11, su ambición y originalidad se incrementan, adquiriendo una mayor personalidad y relevancia.
Historia: Es un nombre alusivo al domingo de Pascua (o de gloria), convertido en nombre propio. Son célebres Gloria Swanson, Gloria Vanderbilt y Gloria Fuertes.
Números: $8 + (11 = 2) = 1$
Apellidos: Deben cubrir los números 2, 4, 5, 6 y 8 ausentes, o los máximos que se pueda, siendo imprescindible cubrir el 2 (B, K, S) y el 8 (H. P. Y), números clave.
Onomástica: 25 de marzo

GRACIA

Etimología: Del latín *gratia* = gracia.
Carácter: Es uno de los raros nombres con tres números maestros, lo que debería otorgarle un carácter y destino excepcionales, pues son sinónimos de grandeza, elevadas aspiraciones y entrega abso-

luta. Es un destino que puede conducirla a realizaciones muy importantes, tanto materiales como creativas o espirituales. Sin embargo, todo esto tiene su contrapartida, por lo que siempre se hallará bajo una presión excesiva, con los nervios a flor de piel, a pesar de ser paciente y obstinada. Pero si no es capaz de responder a tan elevadas influencias, se limitará al 2 y al 4, y será muy emotiva, trabajadora, constante, detallista y amante de la estabilidad, especialmente familiar.

Historia: Zaida era una musulmana española que al convertirse al cristianismo se hizo bautizar con el nombre de Gracia, consiguiendo la santidad con su martirio. Es muy célebre la actriz Grace Kelly, princesa de Mónaco.

Números: 11 = 2 + (11 = 2) = 22 = 4

Apellidos: Deben cubrir los números 2, 4, 5, 6 y 8 ausentes, o los máximos que se pueda, siendo imprescindible cubrir el 2 (B, K, S) y el 4 (D, M, U) por ser sus números clave. También es conveniente que existan pocas letras del 1 (A, J, R), para evitar que sea excesivo.

Onomástica: 23 de julio.

GUADALUPE

Etimología: Del árabe *wadi-lupi* = río de lobos.

Carácter: Es noble, seductora y sencilla, ambiciosa y trabajadora, siendo capaz de mostrar gran paciencia y tenacidad, sabiendo que el tiempo trabaja a su favor. Conservadora, oportunista y algo testaruda, está capacitada para mandar y dirigir, y a pesar de ser bastante posesiva, en ocasiones también sabe ser generosa. Aun cuando a veces pueda ser brusca y autoritaria, busca la paz y se muestra conciliadora; su único defecto es su 6 ausente, que la hace demasiado perfeccionista.

Historia: Deriva del santuario de dicho nombre que existe en Extremadura, y debe su nombre a los lobos que abrevaban en el río cercano. Es también la patrona de Méjico.

Números: $6 + (22 = 4) = 1$

Apellidos: Deben cubrir los números 2, 6 y 9 ausentes, siendo imprescindible cubrir el 6 (F, Ñ, W), número clave.

Onomástica: 12 de diciembre

INÉS

Etimología: Del griego *agne* = pureza.

Carácter: Introvertida e idealista, sueña con grandes proyectos y gozar de entera libertad, y como es hábil, elegante, inteligente, adaptable, con sentido artístico y buena comunicadora, suele destacar no sólo en sociedad, sino también en cualquier profesión relacionada con el arte, la comunicación o la creatividad. Sin embargo, con un 5 excesivo, puede caer en un exceso de versatilidad, de cambios en cualquier faceta de su vida.

Historia: Santa Inés a los 13 años prefirió el martirio a perder su virginidad. Como celebridades citaré a Agnes de Francia, emperadora de Bizancio, Agnes de Méranie, esposa de Felipe Augusto de Francia, Agnes Sorel e Inés de Castro.

Números: 6 + 4 = 1

Apellidos: Deben cubrir los números 1, 3, 4, 6, 7 y 8 ausentes, o por lo menos los máximos que se pueda, siendo imprescindible cubrir el 1 (A, J, R), 4 (D, M, U) y el 6 (F, Ñ, W), números clave.

Onomástica: 21 de enero

INMACULADA

Etimología: Del latín *in-macula* = sin mancha.

Carácter: Emprendedora, activa y valiente, capaz de mandar y dirigir; es nerviosa, orgullosa y altiva, despreciando la mediocridad y las situaciones de dependencia. Por ello, si sufre un revés, se vuelve amargada e intolerante, aun cuando pronto se le pasa. Sin embargo, y a pesar de sus ambiciones, de tanto en tanto le gusta gozar de momentos de aislamiento y soledad que permitan reflexionar y meditar con tranquilidad.

Historia: Es un nombre típicamente español, ligado a la inmaculada Concepción de la Virgen, por lo que no ha traspasado las fronteras del mundo hispánico.

Números: 7 + 1 = 8

Apellidos: Deben cubrir los números 2, 6, 7 y 8 ausentes, o los máximos posibles, siendo imprescindible cubrir el 7 (G, O, X) y el 8 (H, P, Y), números clave.

Onomástica: 8 de diciembre.

INGRID

Etimología: Del germánico *Ing*, la diosa de la fertilidad.

Carácter: Ha nacido para triunfar, enérgica, obstinada, imaginativa y de rápidos reflejos, con una gran fuerza interior, reflexiva, sólida, constante y más práctica que intelectual. Quizás le falte algo de espontaneidad, pero es una idealista que desea ser útil y hallar una finalidad a la vida. Pero todo esto lo oculta bajo una apariencia dura, brusca, rebelde, impaciente e irritable.

Historia: Santa Ingrid fue la fundadora de un monasterio en Suecia. Sus figuras actuales con las actrices Ingrid Bergman e Ingrid Caven.

Números: 9 + 8 = 8

Apellidos: Deben cubrir los números 2, 3, 6 y 8 ausentes, e imprescindiblemente el 8 ((H, P, Y) por ser un número dos veces clave.

Onomástica: 2 de septiembre.

IRENE

Etimología: Del griego *eirene* = paz.

Carácter: Reservada y prudente, segura e independiente, cerebral e introvertida, antes de iniciar algo necesita sopesar mucho los pros y los contras. Es mejor oyente que comunicadora, y de tanto en tanto necesita estar sola, que es cuando se encuentra a sus anchas. Sin embargo, con un 5 excesivo, corre el peligro de dejarse arrastrar por la versatilidad y el exceso de cambios.

Historia: Santa Irene y sus hermanas murieron en la hoguera. Como celebridades tenemos Irene Papas e Irene Dune, Irene Curie e Irene Gutierrez Caba.

Números: 1 + 6 = 7

Apellidos: Deben cubrir los números 2, 3, 4, 6, 7 y 8 ausentes, o los máximos que se pueda, siendo indispensable cubrir el 6 (F, Ñ, W) y el 7 (G, O, X), números clave.

Onomástica: 5 de abril

IRMA

Etimología: Del germánico *Irmin* = totalidad.

Carácter: Es una mujer nacida para el hogar y la vida familiar; es activa, dinámica y ordenada en la vida práctica, siempre dispuesta a asumir sus responsabilidades. Sin embargo, bajo su aspecto tranquilo se esconde un temperamento nervioso e independiente que se exterioriza mediante una gran actividad. Pero con un 1 excesivo, le acometen inesperados arrebatos de violencia, que pronto se le pasan.

Historia: Irmín fue un dios germánico; pero existe una Santa Irmina en el siglo VIII y una Santa Irma que fue masacrada por los bóxers en 1900.

Números: 1 + 5 = 6

Apellidos: Deben cubrir los números 2, 3, 5, 6, 7 y 8 ausentes, o los máximos que se pueda, siendo imprescindible cubrir el 5 (E, N, V) y el 6 (F, Ñ, W), números clave.

Onomástica: 9 de julio.

ISABEL

Etimología: Del hebreo *El-isah-beth* = Dios es la salvación de la casa.

Carácter: Cuando es capaz de responder al 22 es altiva y aparentemente inaccesible y con un fuerte carisma personal. Prudente, metódica y bien organizada sabe dejarse llevar por las circunstan-

cias esperando su momento, y cuando no le es posible se encierra en su torre de marfil. Intuitiva y clarividente sueña con lograr un papel destacado, ya sea en una empresa o en un imperio. Si sólo responde al 4, sus ambiciones y carisma son mucho más modestos y va haciendo su camino con orden, rigor y constancia.
Historia: Santa Isabel fue la madre de San Juan Bautista. Son célebres Isabella Rosellini e Isabel Preysler.
Números: 6 + 7 = 22 = 4
Apellidos: Deben cubrir los números 4, 6, 7 y 8, siendo imprescindible cubrir el 4 (D, M, U), el 6 (F, Ñ, W) y el 7 (G, O, X), números clave.
Onomástica: 4 de julio

JAVIERA

Etimología: Es la misma de Javier, del que es el femenino.

Carácter: Nerviosa e inquieta, no sabe estarse quieta y necesita acción y cambio incesante. Exteriormente parece distante y a veces con una pose crítica que le permite preservar su independencia y personalidad, o porque no se encuentra a gusto con ella misma. Su 1 excesivo la convierte en autoritaria y algo agresiva, y como su 7 íntimo es ausente, a todo ello se une una cierta inseguridad que la hace inestable, atormentada e impaciente

Historia: Santa Francisca Javiera es una santa moderna canonizada en 1945. Así igual que Javier, se ha independizado como nombre propio.

Números: 7 + 7 = 5

Apellidos: Deben cubrir los números 2, 3, 4, 6 , 7 y 8 ausentes, o los máximos posibles, siendo indispensable cubrir el 7 (G, O, X), número clave. También debe procurarse que no existan letras del número 1 (A, J, R), para eliminar o disminuir su carácter de excesivo.

Onomástica: 22 de diciembre.

JESSICA

Etimología: Del hebreo *Yisyah* = Dios existe.

Carácter: Es una mujer curiosa, inteligente y adaptable que quiere hacerlo todo y ser la mejor, pero que pasa con facilidad de un tema a otro sin llegar nunca al fondo de las cosas. Ama el cambio y la libertad, a lo cual si añadimos que es algo inestable, temperamental, algo autoritaria y con un ansia de vivir insaciable, quiere imponerse en la vida y realizar grandes cosas aun cuando los resultados nunca se ajusten a sus esperanzas.

Historia: Es el diminutivo femenino de Jesse, el padre de David. Como celebridad actual, tenemos a la actriz Jessica Lange.

Números: 6 + 8 = 5

Apellidos: Deben cubrir los números 4, 6, 7 y 8 ausentes, o los máximos que se pueda, siendo imprescindible cubrir el 6 (F, Ñ, W) y el 8 (H, P, Y), números clave.

Onomástica: En el santoral español no existe, pero en Francia y Estados unidos la celebran el 4 de noviembre.

JOAQUINA

Etimología: Del hebreo *Yehoyaquim* = Dios construye.

Carácter: Fuerte, directa, franca, independiente y oportunista, siempre está dispuesta a mandar y dirigir, a asumir toda clase de responsabilidades. Metódica, ordenada y detallista no le teme al trabajo duro, que realiza con paciencia y constancia. Si algo se le puede reprochar es su ambición y egocentrismo que la hacen reaccionar con violencia, aun cuando por lo general le gusta vivir en paz con todo el mundo. Cuando es capaz de responder a la influencia del 22, sus ambiciones se amplían y subliman, aspirando realizarse en un plano universal.

Historia: Santa Joaquina Vedruna fue la fundadora en Vic de la orden de las Carmelitas de la Caridad. Quizás por ser una santa moderna (murió en 1854), no conozco celebridades de dicho nombre.

Números: $22 = 4 + 6 = 1$

Apellidos: Deben cubrir los números 2, 3, 6 y 8 ausentes, o los máximos que se pueda, siendo imprescindible cubrir el 6 (F, Ñ, W) por ser un número clave. También debe procurarse que existan pocas letras del 1 (A, J, R), para evitar que sea excesivo.

Onomástica: 22 de mayo.

JOSEFA

Etimología: La misma de José, del cual es el femenino.

Carácter: Tranquila y reservada, honesta, paciente, estable y voluntariosa, pero a la vez tímida e insegura, por lo que a veces duda de sus propias capacidades. Al ser introvertida no gusta de hacer demasiadas amistades, prefiriendo la soledad y resolver ella misma sus problemas sin solicitar ayuda; y racional y práctica, si alguna vez sueña no tarda en volver a la realidad. Pero cuando es capaz de responder al 22, desaparecen muchas de sus limitaciones, se incrementa su creatividad y es capaz de realizar grandes cosas.

Historia: Es paralela a la de José del cual es el femenino; sin embargo, siempre ha existido la tendencia a adoptar el diminutivo

de Josefina; como Josefina Baker, por poner un ejemplo.
Números: 22= 4 + 5 = 9
Apellidos: Deben cubrir los números 3, 4, 8 y 9 ausentes, o los máximos que se pueda, siendo imprescindible cubrir el 4 (D, M, U) y el 9 (I, Q, Z), números clave.
Onomástica: 19 de marzo.

JUANA

Etimología: Es la misma de Juan.
Carácter: Elegante, seductora y extrovertida, le gusta comunicarse e intercambiar ideas y experiencias, pues además de ser inteligente y creativa, es hábil, ordenada y metódica, sabiendo sacar provecho de las circunstancias de la vida. Su único problema es ser autoritaria y mandona; además, muy perfeccionista le cuesta mucho decidirse.
Historia: También es paralela a la de Juan. Debemos destacar a Santa Juana de Arco, Santa Juana Inés de la Cruz, Juana la Beltraneja, Jane Fonda, y Jeanne Moreau.
Números: 6 + 6 = 3
Apellidos: Deben cubrir los números 2, 3, 6, 7, 8 y 9 ausentes, o los máximos que se pueda, siendo imprescindible cubrir el 3 (C, L, T) y el 6 (F, Ñ, W), números clave. También debe procurarse que no existan letras del 1 (A, J, R) para evitar que siga siendo excesivo.
Onomástica: 30 de mayo

JUDIT

Etimología: Del hebreo *jehudit* = judía.
Carácter: Simpática, agradable y seductora, es una mujer hecha para comunicar y divertirse rodeada de gente; provista de una gran imaginación sabe reaccionar en todas las circunstancias. Sin embargo, la contraposición entre el 3 que la hace extrovertida, y el 4, pasivo, conservador, serio y concreto, hace que a pesar de su frívola apariencia, en el fondo sea práctica, trabajadora, paciente y materialista, y no pierda de vista el aspecto económico de las cosas.
Historia: Además de la Judit bíblica, Santa Judit (o Jutta) fue la patrona de Prusia. Son también conocidas la actriz Judit Magre y la modelo Judit Mascó.
Números: 4 + 8 = 3
Apellidos: Deben cubrir los números 2, 5, 6, 7 y 8 ausentes, o los máximos que se pueda, siendo imprescindible cubrir el 8 (H, P, Y), número clave.
Onomástica: 7 de septiembre

JULIA

Etimología: Del legendario *Iulius*, hijo de Eneas.
Carácter: Reservada y discreta, materialista y pragmática, es trabajadora, paciente y eficaz, lo que a la larga le permite mantener su independencia. Pero en el fondo es una mujer idealista y de principios, emotiva, abnegada y humanitaria.

Historia: Santa Julia es la patrona de Córcega. Son famosas Julie Christie, Julie Andrews, Juliette Greco y Giulietta Massina.

Números: 5 + 9 = 4

Apellidos: Deben cubrir los números 2, 5, 6, 7 y 8 ausentes, o los máximos que se pueda, siendo imprescindible cubrir el 5 (E, N, V), número clave.

Onomástica: 10 de diciembre

JULIANA

Etimología: Es la misma de Julián.

Carácter: Es una mujer que ha nacido para amar, seducir y repartir paz y armonía, pues es equilibrada, servicial y agradable, además de algo coqueta. Pero en su vida práctica es ordenada, responsable y metódica, especialmente en la vida familiar. Es muy emotiva y abnegada, siempre dispuesta a echar una mano a quien la necesite, pero su 1 excesivo la convierte en autoritaria y mandona.

Historia: Santa Juliana nació en Turquía en el siglo IV. La más famosa modernamente ha sido la reina Juliana de Holanda.

Números: 6 + 9 = 6

Apellidos: Deben cubrir los números 2, 6, 7 y 8 ausentes, o los máximos que se pueda, siendo imprescindible cubrir el 6 (F, Ñ, W), número clave. También conviene que existan muy pocas letras del 1 (A, J, R), para evitar que siga siendo excesivo.

Onomástica: 7 de febrero.

LAURA

Etimología: Del latín *laurus* = laurel

Carácter: Posee una autoridad natural y una fuerza de persuasión con las que consigue su independencia y su necesidad de mandar y dirigir, lo que consigue a base de esfuerzo y paciencia. Es bastante sociable y le gusta sentirse admirada, aun cuando sabe mantener las distancias. Su mayor problema reside en el 1 excesivo, con lo cual existe el peligro de convertirse en autoritaria, egocéntrica y testaruda.

Historia: Santa Laura fue martirizada en Córdoba en el siglo IX. Son famosas Laura de Noves, Laura Antonelli y Laura Valenzuela.

Números: 6 + 4 = 1

Apellidos: Deben cubrir los números 2, 5, 6 7, 8 y 9 ausentes, o los máximos que se pueda, siendo imprescindible cubrir el 6 (F, Ñ, W), número clave. También debe procurarse que existan muy pocas letras del 1 (A, J, R) para evitar que siga siendo excesivo.

Onomástica: 20 de octubre.

LEONOR

Etimología: Del griego *eleos* = compasión.
Carácter: Posee una acusada personalidad y adora estar en el escenario de la vida para representar su papel, tener su público y ser admirada, y a pesar de su individualismo, su ideal la lleva a superarse, siendo capaz de organizar, dirigir y administrar; pero también es sensible, intuitiva y emotiva, capaz de sentir un ideal elevado, de entregarse a una causa. Su único peligro, con dos 5 y dos 7 en su rejilla, es la de dispersarse o encerrarse en su torre de marfil.
Historia: En realidad es un nombre derivado del de Eleonor, del que muy pronto se independizó y luego substituyó casi totalmente. Lo han llevado numerosos reinas y princesas, como Leonor de Castilla, Leonor de Habsburgo, de Portugal primero y luego de Francia, y Leonor Taeles de Portugal.
Números: 1 + 9 = 1
Apellidos: Deben cubrir los números 2, 4, 6, 8 y 9 ausentes, o los máximos que se pueda, siendo imprescindible cubrir el 9 (I, Q, Z), número clave.
Onomástica: 1 de julio.

LETICIA

Etimología: Del latín *laetitia* = alegría.
Carácter: Es una mujer nacida para amar, seducir y derramar alegría a su alrededor, pues además de ser coqueta es tranquila y

pacífica, pero en el trabajo se muestra seria y ordenada, meticulosa y perfeccionista, y como además le gusta servir se siente feliz cuando halla un sentido a su vida y puede aportar algo de alegría a los demás. Es sensible e imaginativa, y con tres 3 en su rejilla su sociabilidad y expresividad se ven muy incrementadas, aunque con cierto exceso de verborrea.

Historia: No existe ninguna Santa Leticia, y su nombre proviene de la Virgen de la Alegría. Son conocidas Leticia Remolino, madre de Napoleón, Leticia Knollys, condesa de Essex.

Números: 6 + 9 = 6

Apellidos: Deben cubrir los números 2, 4, 6, 7 y 8 ausentes, o los máximos que se pueda, siendo imprescindible cubrir el 6 (F, Ñ, W), número clave. También conviene que existan pocas letras del 3 (L, C, T), para evitar que sea excesivo.

Onomástica: 18 de agosto.

LIDIA

Etimología: Del griego *Lydia*, originario de Lyd, antiguo nombre de Lidia, en Asia Menor.

Carácter: Enérgica, autoritaria y egocéntrica, pero prudente, sabe dejarse llevar por las circunstancias cuando no puede dominarlas, pues ante todo desea mantenerse independiente. Pero en su interior es inquieta e insegura, pues siendo reflexiva y cerebral, es muy materialista y concreta, por lo que se le hace difícil elegir entre lo teórico y lo práctico.

Historia: Santa Lidia fue una griega convertida al cristianismo en el siglo I. Es actualmente conocida la abogada Lidia Falcón.

Números: 1 + 7 = 8

Apellidos: Deben cubrir los números 2, 5, 6, 7 y 8 ausentes, o los máximos que se pueda, siendo imprescindible cubrir el 7 (G, O, X) y el 8 (H, P, X), números clave.

Onomástica: 3 de agosto

LORENA

Etimología: Del francés *Lorraine* = Lorena

Carácter: Tranquila, reservada, honesta, paciente, estable y voluntariosa, pero a causa de su timidez, también inestable e insegura. Como además es introvertida, le gusta más la soledad y apañárselas por sí misma que llevar una vida superficial. Racional y práctica actúa siempre a base de lógica y sentido común, pues quiere las cosas claras y no perderse en sueños quiméricos. Cuando es capaz de responder a la influencia del 22, desaparecen sus limitaciones, se incrementa su ambición y puede llegar a realizar grandes cosas.

Historia: No existe Santa Lorena, pues se trata de la Virgen de Lorena, patrona de dicha comarca.

Números: 4 + 9 = 22 = 4

Apellidos. Deben cubrir los números 2, 4, 6, 8 y 9 ausentes, o los máximos que se pueda, siendo imprescindible cubrir el 4 (D, M, U) y el 9 (I, Q, Z), números clave.

Onomástica: 30 de mayo.

LOURDES

Etimología: Del euskera *lorde* = altura costera.
Carácter: Voluntariosa, dinámica, emprendedora y algo deportista, posee una fuerte personalidad y le gusta mandar y dirigir a los demás. Sensible a la estética y ambiciosa, desea alcanzar un nivel de vida elevado y con cierto lujo. Sin embargo, discreta y reservada se puede confiar en ella si se trata de guardar un secreto, y de tanto en tanto le gusta aislarse y meditar.
Historia: Es una advocación mariana a la Virgen que se le apareció a Santa Bernadette en Lourdes.
Números: 7 + 1 = 8
Apellidos: Deben cubrir los números 6, 8 y 9 ausentes, siendo imprescindible cubrir el 8 (H, P, Y), número clave.
Onomástica: 11 de febrero.

LUCÍA

Etimología: Es la misma de Lucas.
Carácter: Vulnerable, asequible y dependiente del ambiente, especialmente familiar, Lucía es idealista y soñadora, pero también ordenada y metódica; esta dualidad, hace que pase por fases muy contradictorias. Pero lo realmente importante para ella es el hogar y la vida familiar.
Historia: En el siglo IV Santa Lucía fue martirizada en Siracusa: le sacaron los ojos.

Como celebridad citaremos a la actriz Lucille Ball.
Números: 5 + 6 = 2
Apellidos: Deben cubrir los números 2, 5, 6, 7 y 8, siendo imprescindible cubrir por lo menos el 2.(B, K, S), 5 (E, N, V) y 6 (F, Ñ, W), números clave.
Onomástica: 13 de diciembre.

LUCRECIA

Etimología: Del latín *lucrator* = ganador.
Carácter: En Lucrecia existe una contradicción entre su 1 íntimo y de realización, con su 2 activo. Es decir, entre la independencia y el dinamismo, contra la dependencia y la pasividad. Ello hace que su vida sea un cambio continuo entre ambas tendencias. No obstante, en ocasiones, aparece como seductora y afable en la vida social, y dura como el acero en su vida privada.
Historia: Santa Lucrecia fue ejecutada en Córdoba por los musulmanes en el siglo IX. La Lucrecia más famosa es Lucrecia Borgia.
Números: 1 + 1 = 2
Apellidos: Deben cubrir los números 2, 6 y 8 ausentes, o los máximos que se pueda, siendo imprescindible cubrir el 2 (B, K, S), número clave. También conviene que existan muy pocas letras del 3 (C, L, T), para evitar que sea excesivo.
Onomástica: 23 de noviembre.

LUISA

Etimología: Es la misma de Luis, del cual es el femenino.

Carácter: Toda fuego, impulsividad y espontaneidad, con dos 5 en sus números clave, es la inestabilidad y el movimiento convertidos en mujer. Curiosa, adaptable y rápida, vive la vida a tope sin importarle los peligros. Más que femenina es feminista, pues es enérgica y egocéntrica, oportunista, capaz de mandar y dirigir. Sin embargo, todo esto unido a su impaciencia e inestabilidad, hacen que sea incapaz de reconocer sus propios errores.

Historia: Santa Luisa fue la fundadora de la congregación de las Hijas de la Caridad. Citaremos también a la escritora Louise May Alcott, la infanta María Luisa de Borbón, la cantante Louise Madonna y Louise Brown, el primer bebé probeta.

Números 5 + 5 = 1

Apellidos: Deben cubrir los números 5, 6, 7 y 8 ausentes, o los máximos que se puedan, siendo imprescindible cubrir el 5 (E, N, V), número clave.

Onomástica: 15 de marzo.

MAGDALENA

Etimología: Del hebreo *migdal* = torre.

Carácter: Es franca y directa, pero en su carácter existe una extraña mezcla de reserva y control, aunque también de impulsividad y autoritarismo, e incluso a veces, de agresividad, que suele resultar desconcertante, pues un día se presenta cuidadosa y al siguiente de cualquier manera, un día tímida y al otro osada. Sin embargo, es fuerte, determinada y ambiciosa, y cuando ha decidido una cosa no hay quien la tuerza, consiguiendo casi siempre lo que quiere.

Historia: Además de las tres Santas Magdalenas bíblicas, podemos citar a Madame de Lafayette, la marquesa de Parabere, la actriz Madeleine Carrol y la bailarina Marge Champion.

Números: 8 + 5 = 4

Apellidos: Deben cubrir los números 2, 6, 8 y 9 ausentes, o los máximos que se pueda, siendo imprescindible cubrir el 8 (H, P, Y), número clave. También es conveniente que existan pocas letras del 1 (A, J, R), para evitar que se convierta en excesivo.

Onomástica: 22 de julio.

MARCIA

Etimología: Del griego *martikos* = consagrado a Marte.
Carácter: En Marcia pueden aparecer dos personalidades muy distintas. Cuando sólo responde al 2 la coexistencia entre el 1 y del 2 como números clave puede ser el origen de un carácter en que períodos de entusiasmo y actividad alternen con otros de pasividad o abandono. En el segundo caso, más constante, el 11 le confiere carisma y ascendiente sobre los demás. Pero en ambos casos muestra una gran personalidad, son mujeres prácticas y de acción, aun cuando carecen del sentido de los matices, lo cual puede convertirlas en intolerantes.
Historia: Santa Marcia fue mártir en Siracusa.

MARGARITA

Etimología: Del persa *margiritis* = perla.
Carácter: Es independiente, segura de sí misma y deseosa de vivir la vida sin cortapisas, lo cual no obsta para que sea capaz de asumir responsabilidades. Muy hábil, ingeniosa, inteligente y con sentido artístico, sabe dejarse llevar por los acontecimientos y esperar el momento oportuno para recuperar el dominio de la situación. Si algo se le puede reprochar, es su exceso de autoritarismo, egocentrismo y testarudez.
Historia: Se dice que Santa Margarita de Antioquía salió del dragón que la había tragado, lo estranguló con su cinturón y lo echó

al mar. Además de las reinas, princesas y emperadoras de dicho nombre, podemos mencionar a las escritoras Margarita Yourcenar y Margarita Duras, las actrices Greta Garbo y Rita Hayworth, la bailarina Margoy Fontein, la cantante Rita Pavone y la dama de hierro, Margaret Tathcher.
Números: 3 + 7 = 1
Apellidos: Debe procurarse cubrir los números 2, 5, 6 y 8 ausentes, o los máximos que se pueda., pero procurando que no existan letras del 1 (A, J, R), que es excesivo.
Onomástica: 16 de noviembre.

MARÍA

Etimología: Del sumerio *Ma-ri-enne* = fecunda madre del cielo.
Carácter: Seductora y misteriosa, aparenta ser superficial, pero en realidad es seria, reflexiva, introspectiva e interesada ante todo por su vida interior, la búsqueda, e incluso la fe. En su interior existe un contraste entre la actividad desbordante, impulsividad y curiosidad del 5 y la necesidad de introspección y dudas existenciales del 7. La tendencia que domine en cada momento dependerá de las circunstancias, pero con un 1 excesivo, siempre lo hará con un fondo de autoritarismo y testarudez. Pero cuando es capaz de responder al 11, se incrementa su ambición y su vida interior, sintiéndose atraída por las cuestiones humanitarias, la psicología o la religión.
Historia: Santa María, la Virgen Santa, fue la madre natural de Jesús, y su nombre ha sido honrado por más de un centenar de santas. Otras Marías célebres son Curie, Callas, Schell, Astor, Barrientos, Montesori y Guerrero, por citar sólo unas cuantas.

Números: 11= 2 + 5 = 7

Apellidos: Deben cubrir los números 2, 3, 5, 6, 7 y 8 ausentes, pero de ellos de forma imprescindible los números 2 (B, K, S), 5 (E, N, V) y 7 (G, O, X), números clave. También es conveniente que existan muy pocas letras –o mejor ninguna– del 1, que es excesivo.

Onomástica: 15 de agosto.

MARIANA

Etimología: Del latín *Marianus* = de María.

Carácter: Activa, enérgica, voluntariosa y autoritaria, resulta desconcertante e inestable, pues en sociedad despliega su rápida inteligencia mostrándose abierta, sociable y agradable, mientras que en su vida privada es responsable, amante del orden, la tradición y la estabilidad. Cuando es capaz de responder al 22, su carisma e intuición se incrementan y puede llegar a realizar grandes cosas.

Historia: Santa Mariana murió mártir en el siglo I. Como célebre podemos citar a Mariana Pineda.

Números: 3 + 1 = 22 = 2

Apellidos: Deben cubrir los números 2, 3, 6, 7 y 8 ausentes, o los máximos que se pueda, siendo imprescindible cubrir el 2 (B, K, S) y el 3 (C, L, T), números clave. También debe procurarse que no existan letras del 1 (A, J, R), que es excesivo.

Onomástica: 9 de junio.

MARINA

Etimología: Del latín *marinus* = marino.
Carácter: Es una mujer algo contradictoria, por su dualidad entre el dinamismo, espíritu de iniciativa y deseo de mandar del 1, y la pasividad y dependencia del 2. Sin embargo, es adaptable, comunicativa y creativa, lo que suaviza su autoritarismo y la hace dulce y seductora, aficionada al estudio y a cuanto se relacione con la comunicación y el espectáculo.
Historia: Santa Marina fue una penitente martirizada en Bitinia en el siglo VIII. Como célebres citaremos a la actriz Marina Vlady.
Números: $11 = 2 + 1 = 3$
Apellidos: Deben cubrir los números 2, 3, 6, 7 y 8 ausentes, o los máximos que se pueda, siendo imprescindible cubrir el 2 (B, K, S) y el 3 (C, L, T), números clave. También debe procurarse que existan muy pocas letras del 1 (A, J, R), para que deje de ser excesivo.
Onomástica: 18 de junio.

MARTA

Etimología: Del arameo *marta* = señora.
Carácter: Posee una fuerte personalidad, sensible y emotiva, pero capaz también de asumir responsabilidades y decidir cómo ha de ser su propia vida, y si de algo peca es de ser poco diplomática y algo autoritaria. Es una individualista para quien la emancipación de la mujer es algo real, al menos en lo que a ella se refiere. Fiera,

orgullosa, nerviosa y oportunista, imaginativa y con excelentes reflejos es una mujer de acción con un buen sentido práctico.
Historia: Santa Marta era la hermana de Lázaro y María Magdalena. Son célebres Marta Richard, Marta Mercadier, Marta Mata, Marta Sánchez y Marta Ferrusola.
Números: $2 + 8 = 1$
Apellidos: Deben cubrir los números 2, 5, 6, 7, 8 y 9 ausentes, siendo imprescindible cubrir el 2 (B, K, S) y el 8 (H, P, Y), números clave. También es conveniente que existan pocas letras del 1 (A, J, R), para que deje de ser excesivo.
Onomástica: 29 de julio.

MARTINA

Etimología: La misma que Martín, del que es el femenino.
Carácter: Es una mujer hogareña y necesitada de tranquila estabilidad; trabajadora y paciente, organizada y metódica, a pesar de ser muy autoritaria desearía llevar una vida apacible. Cuando responde a la influencia del 11, se le despierta la ambición y sueña con realizar grandes cosas, y es entonces cuando se hacen más evidentes sus dotes de organización y mando.
Historia: Santa Martina fue una mártir del siglo III y es la patrona de Roma. Como célebres citaremos a la actriz Martine Carol y las tenistas Martina Navratilova y Martina Hingis.
Números: $11 = 2 + 4 = 6$
Apellidos: Deben cubrir los números 2, 6, 7 y 8 ausentes, o los máximos posibles, siendo imprescindible cubrir el 2 (B, K, S) y el 6 (F, Ñ, W), números clave. También debe procurarse que existan

pocas letras del 1 (A, J, R), para que deje de ser excesivo.
Onomástica: 30 de enero.

MATILDE

Etimología: Del germánico *math-hild* = guerrero fuerte.
Carácter: Posee una fuerte personalidad capaz de imponerse a los demás. Ambiciosa y llena de proyectos, ideas y sueños, ello no impide que a veces dude si vale la pena aceptar una responsabilidad; sin embargo, sigue adelante pues las dificultades la estimulan y se considera capaz de competir con cualquier hombre. Posee mucha ambición pero prefiere guiarse por el sentido común y puede oscilar entre la pasividad y el altruismo. Cuando no es capaz de reaccionar al 11 y sólo lo hace al 2, su ambición disminuye mucho y es más inclinada a la vida familiar.
Historia: Santa Matilde era la esposa de Enrique I de Alemania. Como celebridades citaremos a Matilde de Inglaterra, Matilde de Flandes y la princesa Matilde Bonaparte.
Números: 6 + 5 = 11 = 2
Apellidos: Deben cubrir los números 2, 6, 7 y 8 ausentes, o los máximos que se pueda, siendo imprescindible cubrir el 2 (B, K, S) y el 6 (F, Ñ, W), números clave.
Onomástica: 14 de marzo.

MELANIA

Etimología: Del griego *melania* = negro, oscuro.
Carácter: Es enérgica, voluntariosa e independiente, pero a la vez hábil, maleable y adaptable. El 3 le añade habilidad manual, sentido de la comunicación y algo de coquetería o sofisticación. Pero el 7 la impele a desarrollar su naturaleza interior, a la discreción y la reserva. Esto hace que pase por fases en las que necesita mezclarse con la gente, y otras en las que necesita reflexionar y meditar. En el trabajo es activa y eficiente, pero muy irregular.
Historia: Santa Melania fundó un monasterio en Jerusalén en el siglo IV. Como celebridades citaremos a Melanie Klein, Melina Mercuri y Melanie Griffith.
Números: 7 + 3 = 1
Apellidos: Deben cubrir los números 2, 6, 7 y 8 ausentes, o los máximos que se pueda, siendo imprescindible cubrir el 7 (G, O, X), número clave.
Onomástica: 31 de diciembre.

MERCEDES

Etimología: Es una advocación mariana a Virgen de la Merced.
Carácter: Es una mujer elegante y adaptable que saca provecho de todas las circunstancias. Su sensibilidad y sentido de la cooperación son muy acusados, pero sin embargo y a menos que su número hereditario lo compense, su 6 ausente puede invitarle a evitar res-

ponsabilidades y su 5 excesivo inestabilizarla. Para ella la vida sentimental es muy importante, y quizás sea lo único que puede estabilizarla.

Historia: Nuestra Señora de la Merced es la imagen de María patrocinando la orden de la Merced fundada en Barcelona para redimir a los cristianos prisioneros. Como celebridades mencionaremos a Mercedes Capsir, Mercedes Salisachs, Mercé Rodoreda y Mercedes Milá.

Números: 6 + 5 = 2

Apellidos: Deben cubrir los números 6, 7, 8 y 9 ausentes, o los máximos que se pueda, siendo imprescindible cubrir el 6 (F, Ñ, W), número clave. También debe procurarse que existan muy pocas letras del 5 (E, N, V) para que deje de ser excesivo.

Onomástica: 24 de septiembre.

MILAGROS

Etimología: Del latín *miraculum* = maravilla, prodigio.

Carácter: En Milagros la unión del 7 y del 8 equivale a mezclar pasión, exageración, actividad, autoridad e impulsividad, con reserva, reflexión, pasividad, interioridad y sensibilidad, lo que produce un resultado explosivo y desconcertante de extremados contrastes.

Historia: Es una advocación piadosa a la Virgen de los Milagros que sólo se usa en España e Hispanoamérica.

Números: 8 + 8 = 7

Apellidos: Deben cubrir los números 5, 6 y 8 ausentes, siendo imprescindible cubrir el 8 (H, P, Y), número clave.

Onomástica: 9 de julio.

MIREYA

Etimología: Del provenzal *mirèyo*, que deriva de María.
Carácter: Posee una personalidad bien definida, pues es noble, seductora y sencilla. Es ambiciosa y trabajadora, paciente y tenaz, sabiendo que el tiempo trabaja en su favor. Muy conservadora, oportunista y algo testaruda, está capacitada para asumir cargos directivos y a pesar de ser bastante posesiva también sabe ser generosa, aun cuando resulte algo brusca y autoritaria. Sin embargo, busca la paz y la conciliación; deseando ser amiga de todo el mundo. Sin embargo, su 6 ausente puede convertirla en demasiado perfeccionista.
Historia: Es un nombre moderno inventado por Federico Mistral en 1861 que se ha extendido rápidamente. La más conocida es la cantante Mireille Mathieu.
Números: 6 + 4 = 1
Apellidos: Deben cubrir los números 2, 3, 6 y 7 ausentes, o los máximos que se pueda, siendo imprescindible cubrir el 6 (F, Ñ, W), número clave.
Onomástica: Todavía no tiene, pero puede celebrarse como María.

MÓNICA

Etimología: Del griego *monos* = solitario.
Carácter: Muy sensible al éxito social y material, posee un sentido comercial innato y cuando es necesario sabe mostrarse valiente

y emprendedora, sintiéndose estimulada por las dificultades y lo desconocido. Sin embargo, por un lado es emotiva, dependiente y muy femenina, pero por otro, desconfiada y prudente cuando no se halla a gusto; y además, hábil, ingeniosa y de rápida inteligencia, le gusta sentirse rodeada de amistades. Por ello resulta algo ciclotímica y según su estado de ánimo puede buscar la soledad o crecerse en las dificultades; mostrarse secreta y reflexiva o encantadora y expresiva.

Historia: Santa Mónica era la madre de San Agustín. Como Mónicas célebres, citaremos a las actrices Mónica Vitti y Mónica Randall, la tenista Mónica Seles y la presentadora de televisión Mónica Huguet.

Números: 8 + 3 = 2

Apellidos: Deben cubrir los números 2, 6 y 8 ausentes, siendo imprescindibles el 2 (B, K, S) y el 8 (H, P, Y), números clave.

Onomástica: 27 de agosto.

MONTSERRAT

Etimología: Del catalán *mont-serrat* = monte aserrado.

Carácter: Es una mujer independiente para quien la libertad es algo sagrado. Distinguida y cuidadosa de su aspecto, puede parecer superficial; pero bajo su exterior sonriente se esconde una mujer seria, profunda y púdica, amante del orden, la tradición, la limpieza y la seguridad, que sabe asumir sus responsabilidades y no le gusta pedir ayuda ni compasión. Autoritaria y nerviosa no sabe restar inactiva y atraída por la aventura le gusta viajar y conocer nuevos lugares y personas.

Historia: Es una advocación mariana a la Virgen de Montserrat, patrona de Cataluña. Son célebres Montserrat Caballé y Montserrat Roig.
Números: 4 + 1 = 5
Apellidos: Deben cubrir los números 6, 8 y 9 ausentes, o los máximos que se pueda.
Onomástica: 27 de abril.

NATALIA

Etimología: Del latín *nativitas* = nacimiento.
Carácter: Es una mujer viva, alerta, hábil ingeniosa e inteligente. Es más fuerte de lo que aparenta y se halla capacitada para el trabajo en equipo o en asociaciones políticas, comerciales o sociales. Sin embargo, es muy independiente y amante de la aventura, por lo cual sólo se asocia cuando tiene garantizada su independencia personal. Cuando es capaz de responder al 11, su vida puede ser tan apasionante como su ambición. Su mayor defecto, con un 1 excesivo, es el egocentrismo y la testarudez.
Historia: Santa Natalia era la esposa del emperador Marco Aurelio, y fue martirizada en Córdoba. Como celebridades citaremos a Nathalie Wood, Nathalie Delon y Natalia Figueroa.
Números: 3 + (11 = 2) = 5
Apellidos: Deben cubrir los números 2, 4, 6, 7 y 8 ausentes, o los máximos que se pueda, siendo indispensable cubrir el 2 (B, K, S), número clave. También debe procurarse que existan muy pocas letras del 1 (A, J, R) para que no se convierta en excesivo.
Onomástica: 1 de diciembre.

NATIVIDAD

Etimología: Del latín *nativitas* = nacimiento.
Carácter: Es simpática, franca y comunicativa, deseosa de agradar y relacionarse socialmente. Es rápida y apresurada en todo, y al ser hábil manualmente, pronto termina el trabajo, y tanto se la puede ver cosiendo como realizando algún trabajo artístico. Sin embargo, quiere verlo todo, conocerlo todo y probarlo todo, no tolerando el menor impedimento a su libertad personal. Es una sentimental cuyo mayor defecto es la tozudez y el egocentrismo.
Historia: Natividad es un nombre cristiano evocador de la natividad del Señor. Es muy conocida Nati Abascal.
Números: 2 + 3 = 5
Apellidos: Deben cubrir los números 2, 6, 7 y 8 ausentes, o los máximos que se pueda, siendo imprescindible cubrir el 2 (B, K, S), por ser un número clave.
Onomástica: 25 de diciembre.

NIEVES

Etimología: Es una advocación mariana a la Virgen de las Nieves, de Roma.
Carácter: Es estable, bien organizada y ordenada, enérgica, detallista e independiente, y a pesar de su facilidad de comunicación y expresión, nunca se entrega por completo. Su único defecto, con un 5 excesivo, es su necesidad de cambios y versatilidad, lo cual al

chocar con su deseo de estabilidad puede crearle muchos conflictos internos.
Historia: Al ser una advocación mariana no tiene historia.
Números: 1 + 3 = 4
Apellidos: Deben cubrir los números 2, 3, 4, 6, 7 y 8 ausentes, o los máximos que se pueda, siendo imprescindible cubrir el 3 (C, L, T) y el 4 (D, M, U), por ser números clave. También es conveniente que no existan letras del 5 (E, N, V) –o las mínimas si los apellidos son largos– pues es un número excesivo.
Onomástica: 5 de agosto.

NOEMÍ

Etimología: Del hebreo *no'omi* = mi dulzura.
Carácter: Es muy engañosa, pues atractiva y sofisticada, cuidando mucho su aspecto físico y mostrándose encantadora, simpática y comunicativa, puede parecer superficial. Sin embargo, bajo esta apariencia existe un fondo de idealismo y religiosidad, poseyendo además mucha habilidad, buena mentalidad, sentido artístico y capacidad para destacar en lo que se proponga.
Historia: En el Antiguo Testamento, Noemí era la esposa de Elimelek. Como celebridad citaremos a la modelo Noemí Campbell.
Números: 3 + 9 = 3
Apellidos: Deben cubrir los números 1, 2, 3, 6 y 8 ausentes, siendo imprescindible cubrir el 3 (C, L, T), número dos veces clave.
Onomástica: 4 de junio.

NURIA

Etimología: Del euskera *n-uri-a* = lugar entre escaleras.

Carácter: Es vulnerable y asequible y depende extraordinariamente del ambiente que la rodea, especialmente del familiar. En el fondo es una idealista que sueña con grandes proyectos, y a pesar de ser ordenada y metódica en las cosas prácticas de la vida, esta dualidad entre la independencia soñada y la dependencia vivida, hace que su vida transcurra a través de fases contradictorias.

Historia: Es otra advocación mariana; se refiere al santuario de Nuria. Son conocidas Nuria Espert y Nuria Hosta.

Números: 5 + 6 = 2

Apellidos: Deben cubrir los números 2, 3, 6, 7 y 8 ausentes, o los máximos que se pueda, siendo imprescindible cubrir el 2 (B, K, S) y el 6 (F, Ñ, W), números clave.

Onomástica: 8 de septiembre.

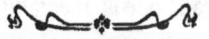

OLGA

Etimología: Del germánico *heilag* = santo.

Carácter: Es activa, voluntariosa, independiente y autoritaria; sin embargo, en el fondo es una mujer muy humana, reservada, sensible y vulnerable que ante las contrariedades de la vida se repliega en sí misma o se esconde bajo una coraza de dureza. Y si a veces se presenta como egocéntrica y arrogante, siempre está dispuesta cuando se la necesita. En ella existe una mezcla de egocentrismo –el 1– y de altruismo –el 9–, por lo que mientras lucha por triunfar en el mundo material, también puede estar colaborando en actos benéficos o humanitarios.

Historia: Santa Olga era la esposa del príncipe Igor III, duque de Kiev. Como celebridad citaremos a Olga Constantinova, esposa del rey Jorge I de Grecia.

Números: 8 + 1 = 9

Apellidos: Deben cubrir los números 2, 4, 5, 6, 8 y 9 ausentes, o los máximos que se pueda, siendo imprescindible cubrir el 8 (H, P, Y) y el 9 (I, Q, Z), números clave.

Onomástica: 11 de julio.

OLIVIA

Etimología: Del latín *oliva* = aceituna.

Carácter: En Olivia, la unión del 7 y el 8 equivale a mezclar pasión, exageración, actividad, autoridad e impulsividad, con reserva, reflexión, pasividad y sensibilidad, lo que produce un resultado explosivo y desconcertante que es capaz de pasar del entusiasmo a la depresión; es decir, un carácter de contrastes extremados.

Historia: Santa Oliva fue una niña mártir en el siglo IX. Como celebridad tenemos a la actriz Olivia de Havilland.

Números: 8 + 8 = 7

Apellidos: Deben cubrir los números 2, 4, 6 y 8 ausentes, o los máximos que se pueda, siendo imprescindible cubrir el 8 (H, P, Y), número clave.

Onomástica: 5 de marzo.

PALOMA

Etimología: Del latín *columba* = paloma.
Carácter: A pesar de ser extrovertida y emotiva, le cuesta mucho decidirse, pues su carácter es dubitativo e influenciable, refinado y perfeccionista, así como sensible al confort. Interiormente es abnegada y se siente tentada de huir de la realidad en vez de enfrentarse a problemas y conflictos, o de lo contrario, su escapatoria es viajar.
Historia: Santa Colomba murió mártir en Sens en el siglo II o III. Son conocidas Paloma San Basilio y Paloma Hurtado.
Números: 9 + 6 = 6
Apellidos: Deben cubrir los números 2, 5, 6 y 9 ausentes, o los máximos que se pueda, siendo imprescindible cubrir el 6 (F, Ñ, W) y el 9 (I, Q, Z), números clave.
Onomástica: 15 de agosto.

PAMELA

Etimología: Del griego *pan - meli* = todo miel.
Carácter: Introspectiva e introvertida, tiende a encerrarse en sí

misma cuando la realidad no concuerda con sus sueños y aspiraciones, centradas en un deseo de evolución material y espiritual. Posesiva, detallista y voluntariosa, a veces resulta desconcertante. Pero cuando es capaz de responder al 22, supera todos sus problemas internos, se incrementa su ambición y capacidad de trabajo y es capaz de realizar grandes cosas.

Historia: En realidad Santa Pamela no existe; es una creación literaria de Sidney en su poema Arcadia.

Números: 7 + 6 = 22 = 4

Apellidos: Deben cubrir los números 2, 6, 7 y 9 ausentes, o los máximos que sean posibles, siendo imprescindible cubrir el 6 (F, Ñ, W) y el 7 (G. O. X), números clave.

Onomástica: Aun cuando no tiene, suele celebrarse el 16 de febrero.

PATRICIA

Etimología: Del latín *patricius* = noble.

Carácter: Decidida, desbordante de vitalidad y ansias de vivir, cuando le conviene se muestra reservada, obstinada y ambiciosa, lo que no es obstáculo para que siga siendo femenina e incluso coqueta, y a pesar de ser generosa e interesarse por quienes la rodean, es consciente de las realidades de la vida y sabe mostrarse práctica y eficaz.

Historia: Es un nombre procedente de Irlanda, desde donde se extendió al resto de países anglosajones y actualmente a Europa. Como celebridades citaremos a la escritora Patricia Highsmith y la rica heredera Patty Hearst.

Números: 6 + 2 = 8
Apellidos: Deben cubrir los números 2, 4, 5, 6 y 7 ausentes, o por lo menos de forma imprescindible el 2 (B, K, S) y el 6 (F, Ñ, W), números clave. También debe procurarse que existan muy pocas letras del 1 (A, J, R), para que no se convierta en excesivo.
Onomástica: 13 de marzo.

PAULA

Etimología: Del latín *paulus* = pequeño.
Carácter: Es enérgica, obstinada, sólida, segura de sí misma y deseosa de adquirir poder y riqueza, y aunque a veces parezca dudar de sus posibilidades, reacciona de inmediato haciendo frente a las circunstancias. Cuando es capaz de responder a la influencia del 11 todavía se muestra más ambiciosa, pero también más original e intuitiva.
Historia: Es la misma de Pablo, del que es el femenino, aun cuando no goza de tanta popularidad. Son famosas Paulina Bonaparte, Paulette Godard y la reina Paola de Bélgica.
Números: 6 + (11 = 2) = 8
Apellidos: Deben cubrir los números 2, 5, 6, 7 y 9 ausentes, o por lo menos de forma imprescindible el 2 (B, K, S) y el 6 (F, Ñ, W), números clave.
Onomástica: 18 de junio.

PAZ

Etimología: Del latín *pax* = paz.
Carácter: Valiente, dura y decidida, detesta la injusticia y es capaz de mandar y dirigir (por el 1); en realidad es hipersensible, altruista, abnegada y vulnerable, especialmente en el terreno sentimental (por el 9). La tendencia dominante dependerá de las circunstancias, aun cuando a veces se armonizan dedicándose a tareas de carácter humanitario, en las que puede ocupar una posición directiva.
Historia: Es una advocación mariana típicamente española a la Virgen de la Paz.
Números: 1 + 8 = 9
Apellidos: Deben cubrir los números 2, 3, 4, 5, 6 y 7 ausentes, o los máximos que se pueda.
Onomástica: 24 de enero.

PILAR

Etimología: Del latín *pila* = pilar.
Carácter: Reflexiva, estable, prudente, perseverante y capaz de llevar a buen término trabajos o empresas que requieran tiempo y paciencia. Le gusta figurar y ser admirada, apreciando el lujo y los honores, pero también es obstinada, autoritaria y, a veces, rencorosa. Es capaz de destacar en profesiones relacionadas con la creatividad y la comunicación. Cuando es capaz de responder al 22, se convierte en una mujer fuera de lo común.

Historia: Es una devoción mariana típicamente española sobre la aparición de la Virgen al apóstol Santiago sobre un pilar de ágata. Como celebridades citaremos a Doña Pilar de Borbón y a Pilar Miró.

Números: 1 + 3 = 22 = 4

Apellidos: Deben cubrir los números 2, 4, 5, 6 y 7 ausentes, o los máximos que se pueda, siendo imprescindible cubrir el 4 (D, M, U), número clave.

Onomástica: 12 de octubre.

RAMONA

Etimología: Del germánico *ragin* = consejo y *mund* = protector.
Carácter: Enérgica, autoritaria, responsable, orgullosa e independiente, busca la perfección y es frecuente que ocupe cargos directivos. Su problema reside en su carácter apasionado, pues con un 1 excesivo es extremista, egocéntrica y de cóleras terribles. Sin embargo, en el fondo es una mujer altruista a la que importan mucho los valores humanos y el bienestar de los demás. Lástima que en lugar de defenderlos quiere imponerlos.
Historia: Es la misma de Ramón, del que es el femenino.
Números: 9 + 1 = 1
Apellidos: Deben cubrir los números 2, 3, 6, 8 y 9 ausentes, o los máximos que se pueda, siendo imprescindible cubrir el 9 (I, Q, Z), número clave. También debe procurarse que existan muy pocas letras del 1, para que deje de ser excesivo.
Onomástica: 31 de agosto.

RAQUEL

Etimología: Del hebreo *rahel* = oveja.
Carácter: Individualista y enemiga de ataduras, muchas veces su impulsividad la lleva más lejos de lo que esperaba y le causa más de un disgusto. Es capaz de desarrollar una gran capacidad de trabajo, pero siendo una buena organizadora con dotes de mando y dirección, no sabe (o no quiere) obedecer. Lo que desea es ser el

centro del universo y hacer lo que le parezca.
Historia: Raquel era la hija menor de Laban, tío de Jacob. Son famosas Raquel Meller, Rachel Welch y Raquel Cors.
Números: 1 + 4 = 5
Apellidos: Deben cubrir los números 2, 6, 7 y 8 ausentes, o los máximos que se pueda.
Onomástica: 2 de septiembre.

REGINA

Etimología: Del latín *regina* = reina.
Carácter: Es noble, seductora y sencilla; pero también ambiciosa y trabajadora, paciente y tenaz. Muy conservadora, oportunista y algo testaruda, es capaz de asumir cargos directivos, y a pesar de su egoísmo también sabe ser generosa, aunque es brusca y autoritaria.
Historia: Santa Regina era una piadosa campesina del siglo III. Como célebres tenemos a la cantante Regina Crispin, la escritora Regine Deforges y la actriz Gina Lollobrigida.
Números: 6 + 4 = 1
Apellidos: Deben cubrir los números 2, 3, 4, 6 y 8 ausentes, siendo imprescindible cubrir el 4 (D, M, U) y el 6 (F, Ñ, W), números clave.
Onomástica: 7 de septiembre.

ROCÍO

Etimología: Del latín *roscidus* = cubierto de rocío.

Carácter: Reservada y discreta, materialista y pragmática. Es voluntariosa, trabajadora, paciente y eficaz, lo que a la larga le permite mantener su independencia personal. Sin embargo, es una mujer idealista y de principios, por lo que no es raro hallarla formando parte de actos sociales o benéficos.

Historia: Es una advocación al santuario de la Virgen del Rocío. Son célebres Rocío Dúrcal y Rocío Jurado.

Números: 5 + 4 = 9

Apellidos: Deben cubrir los números 2, 4, 5, 6 y 8 ausentes, o los máximos que se pueda, siendo imprescindible cubrir el 4 (D, M, U) y el 5 (E, N, V), números clave.

Onomástica: El domingo de Pascua.

ROSA

Etimología: Del latín *rosa* = rosa.

Carácter: Es muy tierna, femenina, hipersensible y emotiva, afectuosa, sociable y dependiente, pero desconfiada y prudente, cuando no se siente a gusto busca la seguridad de la vida en pareja. Cuando responde al 11, tiene la posibilidad de hacer realidad sus aspiraciones, ya se centren en un ideal elevado o en una ambición material o social.

Historia: Santa Rosa de Lima nació en dicha ciudad, siendo la primera santa canonizada en el continente americano. Son célebres Rosa Luxemburg, Rose Kennedy, Rosa Sensat y Rosa Chacel.

Números: 8 + 3 = 11 = 2

Apellidos: Deben cubrir los números 3, 4, 5, 6, 8 y 9 ausentes, o los máximos que se pueda, siendo imprescindible cubrir el 3 (C, L, T) y el 8 (H, P, Y), números clave.

Onomástica: 23 de agosto.

ROSALÍA

Etimología: Del latín *rosalias*, fiestas romanas que se celebraban en mayo y en las que se arrojaban rosas sobre las tumbas.

Carácter: Extrovertida, afectiva y emotiva, necesita agradar, comunicarse y tener amistades. A pesar de ser autoritaria es muy influenciable y por ello le cuesta mucho decidirse. En su interior es abnegada, y cuando surgen problemas o conflictos suele huir de la realidad material encerrándose en sus sueños y utopías y, si puede, viajando.

Historia: Santa Rosalía es la patrona de Palermo y de Sicilia. Como celebridades citaremos a Rosalía de Castro y Rosalyn Carter.

Números: 9 + 6 = 6

Apellidos: Deben cubrir los números 4, 5, 6 y 8 ausentes, o los máximos que se pueda, siendo indispensable cubrir el 6 (F, Ñ, W), por ser un número clave.

Onomástica: 4 de septiembre.

ROSARIO

Etimología: Del latín *rosarium* = rosal.
Carácter: Posee una autoridad natural y una fuerza de persuasión que le permiten su independencia y satisfacer su necesidad de mandar y dirigir, lo que consigue a base de esfuerzo y paciencia; pero una vez logrados sus objetivos sabe mantenerlos y consolidarlos. Es sociable, pero sabe mantener las distancias, y su único problema consiste en su 1 excesivo, que puede originar un ego demasiado fuerte y la tendencia al autoritarismo y la tozudez.
Historia: Es otra advocación mariana a la plegaria del rosario. Como célebre citaremos a Rosario Flores.
Números: 6 + 4 = 1
Apellidos: Deben cubrir los números 3, 4, 5, 6 y 8 ausentes, o los máximos que se pueda, siendo imprescindible cubrir el 4 (D, M, U) y el 6 (F, Ñ, W), números clave. Debe procurarse además que existan pocas letras del 1 (A, J, R), para evitar que se convierta en excesivo.
Onomástica: 7 de octubre.

SALOMÉ

Etimología: Del hebreo *shalem* = sana, armoniosa.

Carácter: Tranquila, reservada, honesta, paciente, estable, voluntariosa, pero introvertida y tímida, a veces se muestra insegura y dubitativa, por lo que no le gusta hacer demasiadas amistades ni llevar una vida superficial o movida, prefiriendo la soledad; más práctica que intelectual, se apoya siempre en la lógica y el sentido común, y si a veces sueña, no tarda en regresar a la realidad. Cuando es capaz de responder al 22, desaparecen casi todas sus limitaciones y es capaz de realizar grandes cosas.

Historia: Santa Salomé era la madre de los apóstoles Santiago el Mayor y Juan. Como celebridad citaremos a la cantante Salomé.

Números: 4 + 9 = 22 = 4

Apellidos: Deben cubrir los números 6, 8 y 9 ausentes, o como mínimo es imprescindible cubrir el 9 (I, Q, Z), por ser un número clave.

Onomástica: 22 de octubre.

SARA

Etimología: Del hebreo *sarah* = princesa.
Carácter: Simpática, franca, directa y comunicativa, le gusta relacionarse socialmente. Es rápida y apresurada en todo, y como es hábil manualmente pronto termina el trabajo. Sin embargo, no sabe estarse quieta y quiere verlo, conocerlo y probarlo todo. Su 1 excesivo hace que su mayor defecto sea el egocentrismo, la tozudez e incluso la tiranía. Pero en el fondo es una sentimental.
Historia: La Sara bíblica es la esposa de Abraham, santificada por la Iglesia. Como célebres tenemos a las actrices Sarah Bernhard y Sara Montiel, y la duquesa de York, Sara Ferguson.
Números: 2 + 3 = 5
Apellidos: Deben cubrir los números 3, 4, 5, 6, 7, 8 y 9 ausentes, o los máximos que se pueda, siendo imprescindible cubrir el 3 (C, L, T) y el 5 (E, N, V), por ser números clave. También conviene que existan pocas letras del 1 (A, J, R) para que deje de ser excesivo.
Onomástica: 13 de julio.

SERAFINA

Etimología: Del hebreo *seraphim* = serpiente.
Carácter: Comunicativa, adaptable, seductora, elegante, hábil y capaz de destacar en cuanto se refiera a la creatividad o la comunicación, sabe aprovechar las lecciones de la vida en vistas al mañana. Posee un profundo sentido de la justicia y de la independencia

(tanto la suya como la de los demás). Exteriormente alegre y optimista, en el fondo es seria y reflexiva, con un carácter muy complejo y lleno de facetas desconcertantes.
Historia: Santa Serafina nació paralítica, viviendo hasta su muerte, a los 15 años, en éxtasis místico.
Números: 7 + 5 = 3
Apellidos: Deben cubrir los números 3, 4, 7 y 8 ausentes, o por lo menos, de forma indispensable, el 3 (V, L, T) y el 7 (G, O, X), por ser números clave. También es conveniente que existan pocas letras del 1 (A, J, R) para evitar que se convierta en excesivo.

SILVIA

Etimología: Del latín *silva* = bosque.
Carácter: En Silvia existe una contradicción entre el 1, independiente y dinámico, el 2, dependiente y pasivo, lo que hace que su vida sea un cambio continuo de unas a otras cualidades. No obstante, en ocasiones ambas tendencias se armonizan, apareciendo en la vida pública como seductora, tranquila afable y protectora, mientras que en su vida privada es dura como el acero.
Historia: Santa Silvia fue la madre de San Gregorio Magno. Son célebres la actriz Silvana Mangano, Silvia Munt y la cantante Silvie Vartan.
Números: 1 + 1 = 2
Apellidos: Deben cubrir los números 4, 6, 7 y 8 ausentes, o los máximos que se pueda.
Onomástica: 3 de noviembre.

SIMONA

Etimología: Del hebreo *shim'on* = el que es escuchado.
Carácter: En su carácter existe una oposición entre su 1 autoritario, activo e individualista y su 2 estabilizador, paciente, laborioso y pasivo; de aquí que necesite proteger y sentirse protegida, lo cual es bastante incompatible. Pero además, el 8 la hace reservada y ambiciosa, y al ser ausentes el 1 y el 8, tenderá a excederse, a una cierta falta de equilibrio, a ser caprichosa y posesiva. Pero si llega a responder al 11, se incrementarán su ambición y originalidad, adquiriendo una mayor personalidad y relevancia.
Historia: Es la de Simón, del cual es el femenino, siendo de destacar la escritora Simone de Beauvoir, la actriz Simone Signoret y la política Simone Veil.
Números: 8 + (11 = 2) = 1
Apellidos: Deben cubrir los números 3, 6 y 8 ausentes, o por lo menos de forma imprescindible el 8 (H, P, Y), por ser un número clave.
Onomástica: 28 de octubre.

SOFÍA

Etimología: Del griego *sophia* = sabiduría.
Carácter: En Sofía la unión del 7 y el 8 equivale a mezclar pasión, exageración, actividad, autoridad e impulsividad con reserva, reflexión, pasividad, interioridad y sensibilidad, lo que produce un resul-

tado explosivo y desconcertante; es decir, un carácter ciclotímico de contrastes extremados.

Historia: Santa Sofía fue martirizada junto a sus tres hijas bajo el reinado de Adriano. Son célebres la poetisa Sòfia Casanova, la actriz Sofía Loren, la patinadora Sofía Heine y la reina Sofía de España.

Números: 8 + 8 = 7

Apellidos: Deben cubrir los números 3, 4, 5 y 8 ausentes, o los máximos que se pueda, siendo imprescindible cubrir el 8 (H, P, Y), por ser un número clave.

Onomástica: 18 de septiembre.

SOLEDAD

Etimología: Es una advocación mariana a la soledad de la Virgen en la pasión.

Carácter: Es una mujer con un carácter muy fuerte. Enérgica, reservada, obstinada, trabajadora, paciente y con una meta muy clara y fija: conseguir poder y riqueza. Pero demasiados 4 pueden convertirla en una maniática del detalle, rígida y rutinaria.

Historia. A pesar de ser una advocación mariana, ha existido Santa Soledad Torres Acosta, fundadora de las Servidoras de María.

Números: 4 + 4 = 8

Apellidos: Deben cubrir los números 6, 8 y 9 ausentes, o como mínimo es imprescindible cubrir el 8 (H, P, Y) por ser un número clave.

Onomástica: 11 de octubre.

SUSANA

Etimología: Del hebreo *susan* = lirio.

Carácter: Es una mujer nacida para amar, seducir y derramar alegría a su alrededor, desprendiendo una sensación de calma y tranquilidad. Pero en el trabajo se muestra ordenada, meticulosa y perfeccionista, y como además le gusta servir, se siente feliz cuando halla un sentido a su vida pudiendo ser útil o aportar alegría y consuelo a quienes lo necesiten.

Historia: Santa Susana vivió en el siglo III y fue degollada por el hijo del emperador Diocleciano. Son famosas las actrices Susan Hayward, Sue Lyon, Susan St. James y Susana Estrada.

Números: 6 + 9 = 6

Apellidos: Deben cubrir los números 3, 6, 7, 8 y 9 ausentes, o los máximos que se pueda, siendo indispensable cubrir el 6 (F, Ñ, W) y el 9 (I, Q, Z), numeros clave.

Onomástica: 11 de agosto.

TERESA

Etimología: Son varias las etimologías propuestas, todas ellas de origen griego: *teresis* = guardián; *theros* = estación cálida y *Tharesios*, nombre de un adivino mitológico.

Carácter: Dinámica, emprendedora, ambiciosa y responsable, tiene una visión del mundo algo maniquea: todo es blanco o negro, sin matices. Pero es generosa y reacciona violentamente ante la injusticia o cuando está en juego su amor propio. Es muy práctica, pudiendo ser una excelente mujer de negocios, sin dejar por ello de ser femenina, seductora y coqueta. Cuando es capaz de reaccionar al 11, adquiere magnetismo y carisma personal, y se le despierta un altruismo y sentido de la fraternidad casi utópicos.

Historia: Santa Teresa de Jesús, fundadora y escritora. Son célebres la estigmatizada Teresa Neumann, la cantante Teresa Berganza y la madre Teresa de Calcuta.

Números: 11 = 2 + 6 = 8

Apellidos: Deben cubrir los números 4, 6, 7, 8 y 9 ausentes, o los máximos que se pueda, siendo indispensable cubrir el 6 (F, Ñ, W) y el 8 (H, P, Y), números clave.

Onomástica: 15 de octubre.

TRINIDAD

Etimología: Es un nombre evocador del misterio de la Santa Trinidad.
Carácter: En su interior existe una lucha entre su lado egocéntrico, valiente, duro y autoritario, y su lado altruista, sensible y abnegado, dependiendo de las circunstancias el que uno de los dos aspectos domine en un momento determinado; sin embargo, a veces pueden actuar a la vez, y es cuando toma parte en actividades de tipo benéfico o humanitario en las que pueda ocupar un lugar directivo.
Historia. Al ser una advocación cristiana típicamente española convertida en nombre propio, sólo se usa en los países de habla hispana, especialmente en México. Como curiosidad citaremos que Trinidad se usa indistintamente para ambos sexos.
Números: 1 + 8 = 9
Apellidos: Deben cubrir los números 2, 6, 7 y 8 ausentes, siendo imprescindible cubrir el 8 (H, P, Y) por ser un número clave.
Onomástica: Variable.

VANESA

Etimología: No tiene.

Carácter: El 3 le otorga habilidad manual, sentido de la expresión y de la comunicación y una apariencia de superficialidad, coquetería. El 7, por el contrario, la impele a desarrollar su vida interior, la discreción y la reserva. Todo esto la convierte en una mujer contradictoria que tanto se mezclará con la gente, como se encerrará en soledad para reflexionar, meditar y hacerse preguntas sobre el sentido de la vida. Pero además, su 5 excesivo la inestabiliza, la impulsa al cambio, la versatilidad y la aventura.

Historia: En realidad Vanesa es un nombre inventado por el poeta Jonathan Swift en el siglo XVIII. Como célebre citaremos a la actriz Vanessa Redgrave.

Números: 7 + 3 = 1

Apellidos: Deben cubrir los números 3, 4, 6, 7, 8 y 9 ausentes, o los máximos que se pueda, siendo imprescindible cubrir el 3 (C, L, T) y el 7 (G, O, X), números clave.

Onomástica: Como no tiene, suele celebrarse el 1 de noviembre, Día de Todos los Santos.

VERÓNICA

Etimología: Del griego *vero-eikon* = verdadera imagen.
Carácter: Emotiva, sensible, soñadora e idealista; cuando es capaz de responder al 22 busca abrirse camino en el mundo y realizarse en todos los aspectos de su personalidad, pudiendo mostrarse abnegada y decidida a participar en tareas humanitarias o sociales, siempre que ello no redunde en perjuicio de su libertad personal. Cuando sólo responde al 4, sus miras no son tan elevadas y sale a flote la contradicción interna entre el 4 conservador, práctico y ordenado y el 5 inestabilizador. De aquí sus alternancias entre el querer y el temer, el sueño y la realidad, entre el orden y el desorden.
Historia: La Santa Verónica bíblica es la que entregó a Jesús el sudario para enjugarse el rostro ensangrentado. Como célebre citaremos a las actrices Verónica Lake y Verónica Forqué.
Números: 4 + 5 = 9
Apellidos: Deben cubrir los números 2, 4, 6 y 8 ausentes, o los máximos que se pueda, siendo imprescindible cubrir el 4 (D, M, U), por ser un número clave. También debe procurarse que existan muy pocas letras del 5, pare evitar que siga siendo excesivo.
Onomástica: 9 de julio.

VICTORIA

Etimología: Del latín *victor* = victorioso.
Carácter: Es encantadora, femenina sensible, intuitiva, imaginativa y tiene facilidad de expresión y comunicación; cuando responde al 11 tiene la posibilidad de convertir en realidad sus aspiraciones, ya se centren en un ideal elevado o en una ambición material. Si sólo responde al 2, es hipersensible, emotiva, afectuosa y dependiente, aunque también algo desconfiada y prudente.
Historia: Santa Victoria murió mártir en el año 250. Son célebres las actrices Victoria Vera y Victoria Abril, y la cantante de ópera Victoria de los Ángeles.
Números; $8 + 3 = 11 = 2$
Apellidos: Deben cubrir los números 2, 4, 6 y 8 ausentes, o los máximos que se pueda, siendo imprescindible cubrir el 2 (B, K, S) y el 8 (H, P, Y), números clave.
Onomástica: 17 de noviembre.

VIOLETA

Etimología: Del latín *viola* = violeta.
Carácter: Desprende una sensación de calma y tranquilidad, pues es seria, consciente de sus deberes, animada por el deseo de agradar y siempre dispuesta a colaborar, estando presente cuando se la necesita. Pero ante todo busca la seguridad y la estabilidad, pues en el

fondo es algo insegura. Sin embargo, cuando es capaz de responder al 11 y al 22, todo cambia, adquiere seguridad, ambición, intuición, idealismo y un carisma que le hacen alcanzar cotas muy elevadas y realizaciones perdurables.

Historia: Santa Violeta fue martirizada en el año 362. Son célebres Violette Nozières y Violeta Chamorro.

Números: 22 = 4 + (11 = 2) = 6

Apellidos: Deben cubrir los números 2, 4, 6 y 8 ausentes, especialmente los 2 (B, K, S), 4 (D, M, U) y 6 (F, Ñ, W), por ser sus números clave.

Onomástica: 4 de agosto.

VIRGINIA

Etimología: Del latín *virgo* = virgen.

Carácter: Activa, dinámica y emprendedora adora estar en el escenario de la vida, representar su papel y sentirse admirada. A pesar de ser muy individualista, su ideal la lleva a superarse, siendo capaz de organizar, dirigir y administrar. Muy sensible, emotiva e intuitiva, es capaz de entregarse a una causa a condición de ocupar un lugar preeminente. Su único inconveniente con un 9 excesivo, es caer en el fanatismo o en convertirse en una esclava al servicio de los demás.

Historia: Santa Virginia fue asesinada por su propio padre en el siglo V. Como célebres citaremos a la escritora Virginia Wolf y la actriz Virginia Mayo.

Números: 1 + 9 = 1

Apellidos: Deben cubrir los números 2, 3, 4, 6 y 8 ausentes, o los

máximos que se pueda, procurando que existan pocas letras del 9 (I, Q, Z), para que no se convierta en excesivo.
Onomástica: 14 de agosto.

YOLANDA

Etimología: Del griego *iolanthe* = violeta.

Carácter: Es laboriosa, tenaz y con una buena resistencia física. Muy emotiva y sensible es una idealista soñadora que intenta ser útil a los demás, y con su sentido de la cooperación es ideal para el trabajo en equipo. A pesar de poseer un buen sentido de los negocios, lo que realmente ambiciona es la vida familiar, que le permite dar y recibir todo el cariño que necesita.

Historia: Santa Yolanda era la sobrina de Santa Isabel de Hungría. Como celebridad citaremos a Yolanda, la hija del rey Víctor Manuel III de Italia.

Números: 9 + 2 = 2

Apellidos: deben cubrir los números 2, 6 y 9 ausentes, o por lo menos de forma indispensable los 2 (B, K, S) y 9 (I, Q, Z), por ser sus números clave.

Onomástica: 17 de diciembre.

NOMBRES MASCULINOS

AARÓN

Etimología: Del griego, posiblemente de *aron* = arca, cofre, o quizás también de *Har* = montaña, alto, iluminado.

Carácter: Tranquilo, equilibrado, metódico romántico y sensual, posee una intensa vida interior, capacidad de reflexión y análisis que le permiten adaptarse a toda clase de circunstancias. Cuando se siente motivado es capaz de realizar grandes cosas, aun cuando debe superar grandes dificultades ya que sus números clave son ausentes. Debe esforzarse en dominar su autoritarismo.

Historia: En el Antiguo Testamento es el hermano mayor de Moisés. En la historia, San Aarón fue un mártir inglés del siglo IV. Es célebre el compositor Aarón Copland.

Números: $9 + 6 = 6$

Apellidos: Deben cubrir los números 2, 3, 4, 6, 8 y 9 ausentes o los máximos posibles; es imprescindible cubrir los números 6 (F, Ñ, W) y 9 (I, Q, Z), números clave. También deben evitarse las letras del 1 (A, J, R) para que deje de ser excesivo.

Onomástica: 1 de julio.

ABEL

Etimología: Del asirio *haber* = hijo.
Carácter: Cooperador, conciliador, enérgico, emotivo, elegante, adaptable y amante de la familia en apariencia es más enérgico de lo que parece, y sabe hacer valer sus derechos e ideas de forma suave, pero decidida. Es metódico y buen organizador, pero deberá luchar para conseguirlo al faltar el 6 en su rejilla. Si es capaz de responder al 11, tendrá grandes ambiciones, pero de lo contrario, se limitará a ser un buen padre de familia.
Historia: Además del Abel bíblico, existió San Abel, un arzobispo de Reims en el siglo VIII. Como celebridad, el político Abel Matutes.
Números: 6 + 5 = 11 = 2
Apellidos: Deben cubrir los números 4, 6, 7, 8 y 9 ausentes o los máximos posibles, siendo indispensable cubrir el 6 (F, Ñ, W), número clave.
Onomástica: 25 de marzo.

ABRAHAM

Etimología: Del hebreo *Abraham* = padre de las multitudes.
Carácter: Sociable, emotivo, entusiasta, metódico, ordenado, extrovertido y capaz de grandes esfuerzos. Es dulce y pacífico, sensible y muy humano, siendo muy fácil herirlo sentimentalmente, ante lo cual no sabe reaccionar. Su defecto es que es muy nervioso

y puede caer en un exceso de movilidad y dispersión, tanto en la vida diaria como en la sentimental.

Historia: Abraham fue el patriarca de los hebreos. San Abraham fue un anacoreta egipcio el siglo IV. Y como celebridad citaremos a Abraham Lincoln.

Números: 3 + 6 = 9

Apellidos: Deben cubrir los números 3, 5, 6, 7 y 9 ausentes, o por lo menos, imprescindiblemente, el 3 (C, L, T), el 6 (F, Ñ, W) y el 9 (I, Q, Z), números clave. También debe procurarse que no existan letras del 1 (A, J, R), para que deje de ser excesivo.

Onomástica: 16 de marzo.

ADÁN

Etimología: Del hebreo *adam* = hecho de tierra, o del asirio *adamu* = crear.

Carácter: Sensible, delicado y emotivo, es un tímido imaginativo que vive más de sueños que de realidades y se cree un ser excepcional; su mayor peligro reside en la impaciencia y el fanatismo; en resumen, es un Don Quijote cuando responde al 11, pero dependiendo de los demás y cooperando con ellos si sólo responde al 2. Aquí su mayor defecto es soñar demasiado

Historia: Aparte del Adán bíblico, San Adán fue un abad de Fermo. Como celebridad citaremos al economista Adam Smith.

Números: 2 + 9 = 11 = 2

Apellidos: Deben cubrir los números 2, 3, 6, 7, 8 y 9 ausentes, siendo imprescindible cubrir el 2 (B, K, S) y el 9 (I, Q, Z), números clave.

Onomástica: 29 de julio.

ADOLFO

Etimología: Del germánico *athal-wolf* = noble guerrero.
Carácter: Estable, fuerte, determinado y consciente de ser metódico, buen organizador e introvertido, sabe que su éxito llegará lenta y progresivamente a base de esfuerzo y constancia. Exteriormente parece dulce y apacible; sin embargo no nos engañemos, bajo su dulzura la inicial A siempre contiene una gran dosis de autoridad.
Historia: San Adolfo fue obispo de Osnabruck (Alemania). Son célebres Adolf Hitler, Adolfo Suárez y Adolfo Marsillach.
Números: 6 + 4 = 1
Apellidos: Deben cubrir los números 2, 5, 8 y 9 ausentes, o los máximos posibles.
Onomástica: 27 de septiembre.

ADRIÁN

Etimología: Del nombre de la ciudad de Adria, la actual Atri, en Italia.
Carácter: Estudioso, hábil y adaptable, es amante del hogar y la familia, pero su 1 excesivo, que le impulsa a mandar, le crea una contradicción interna que le hace oscilar de un extremo al otro, e incluso a veces a ser algo fanático. Cuando es capaz de responder al 11, aumenta su ambición y al desaparecer el 2 desaparece la contradicción interna.
Historia: San Adrián fue un mártir cristiano del siglo III. Como

celebridad citaremos al dramaturgo catalán Adrià Gual.
Números: 11 = 2 + 1 = 3
Apellidos: Deben cubrir los números 2, 3, 6, 7 y 8 ausentes, o los máximos posibles, siendo imprescindible cubrir el 2 (B, K, S) y el 3 (C, L, T), números clave. También debe procurarse que existan pocas letras del 1 (A, J, R) para que deje de ser excesivo.
Onomástica: 8 de septiembre.

AGUSTÍN

Etimología: Del latín *augustinus* = de la familia de Augusto.
Carácter: Aspira a vivir libremente, sueña con grandes proyectos y si bien le gusta el cambio, éste debe ser dentro de una estabilidad, aunque parezca paradójico; es un idealista que defiende enérgicamente sus opiniones con imaginación, convicción y facilidad de diálogo. Es muy responsable, pero le cuesta demostrar sus sentimientos.
Historia: San Agustín, el gran doctor de la Iglesia; y, modernamente, el compositor Agustín Lara.
Números: 5 + 8 = 4
Apellidos: Deben cubrir los números 6 y 8, especialmente este último (H, P, Y), por ser un número clave.
Onomástica: 28 de agosto.

AITOR

Etimología: Del euskera *aita* = padre.
Carácter: Sociable, extrovertido, seductor, comunicativo, y con gran imaginación gusta de rodearse de amigos. Sin embargo, en su vida íntima es serio, conservador y concreto, e incluso a veces algo meticuloso.
Historia: No existe ningún santo de dicho nombre. En realidad pertenece a la mitología vascongada y ha sido popularizado recientemente gracias a la novela *Amaya*, de Villoslada. Vale la pena citar al entrenador Aíto García Reneses.
Números: $8 + 4 = 3$
Apellidos: Deben cubrir los números 2, 4, 5, 6 y 8 ausentes, o los máximos posibles, siendo imprescindible cubrir el 4 (D, M, U) y el 8 (H, P, Y), números clave.
Onomástica: Aun cuando no tiene, suele celebrarse el 22 de mayo.

ALÁN

Etimología: Del celta *alun* = armonía.
Carácter: Enérgico y orgulloso, y con dos 1 en cuatro letras (además del activo), es ambicioso, autoritario y muy independiente. Imaginativo y con buenos reflejos, sabe reaccionar con rapidez y eficacia ante las oportunidades para alcanzar su lugar en este mundo. Pero en el fondo es un hombre tranquilo y estable. Su mayor defecto es la impulsividad.

Historia: San Alano fue un dominico bretón que murió en 1475. Son célebres Alan Prost y Alain Delon.
Números: 2 + 8 = 1
Apellidos: Deben cubrir los números 2, 4, 6, 7, 8 y 9 ausentes, o los máximos posibles, siendo imprescindible cubrir el 2 (B, K, S) y el 8 (H, P, Y), números clave.
Onomástica: 14 de agosto.

ALBERTO

Etimología: Del germánico *athal-berht* = brillante, famoso.
Carácter: Tranquilo, reservado, honesto, paciente, estable y voluntarioso; pero a la vez tímido, inseguro e introvertido no gusta de hacer demasiadas amistades. Más racional y práctico que intelectual, si a veces sueña no tarda en regresar a la realidad. Cuando responde a la influencia del 22 es capaz de realizar grandes cosas.
Historia: San Alberto Magno, renovador de la Teología. Y como modernos, el científico Albert Einstein y el escritor Albert Camus.
Números: 4 + 9 = 22 = 4
Apellidos: Deben cubrir los números 4, 6, 8 y 9 ausentes, especialmente el 4 (D, M, U) y el 9 (I, Q, Z), por ser números clave.
Onomástica: 15 de noviembre.

ALEJANDRO

Etimología: Del griego *aleixen* = proteger y *andros* = hombre.
Carácter: Dinámico, independiente, impulsivo y oportunista, basa su éxito en su elegancia y facilidad de comprensión, y quiere vivir la vida a tope, muchas veces sin darse cuenta de los peligros en que suele incurrir. Es el jefe protector y conquistador por excelencia. Con un 1 excesivo, sus defectos son la agresividad, la impaciencia y la prisa.
Historia: Existen más de 50 santos y mártires, ocho papas y conquistadores, como Alejandro Magno. Son célebres Alejandro Dumas, Alexander Fleming y el cantante Alejandro Sanz.
Números: 5 + 5 = 1
Apellidos: Deben cubrir los números 2, 6, 8 y 9 ausentes, o los máximos posibles. También debe procurarse que no existan letras del 1 (A, J, R) para evitar que siga siendo excesivo.
Onomástica: 3 de mayo.

ALEXIS

Etimología: Del griego *aleixein* = defensor.
Carácter: Agradable, seductor, elegante, sociable, alegre y comunicativo, es un idealista con la mente abierta y capaz, pero metódico y ordenado lo analiza todo antes de tomar una decisión. Emotivo y abnegado también es muy curioso y se interesa por las cuestiones sociales, humanitarias e incluso del más allá.

Historia: En realidad es la forma rusa de Alejo, al que actualmente sustituye por completo. San Alexis fue obispo de Kiev. También vale la pena citar al biólogo Alexis Carrel.
Números: 6 + 3 = 9
Apellidos: Deben cubrir los números 4, 6 y 8, especialmente el 6 (F, Ñ, W), por ser un número clave.
Onomástica: 17 de febrero.

ALFONSO

Etimología: Del germánico *all-funs* = totalmente preparado.
Carácter: Reservado, prudente y desconfiado, no aprecia demasiado las relaciones humanas, pues bajo su aspecto frío y distante se oculta una gran sensibilidad, que le es difícil expresar, por lo que es fácil herirle. Fiel, tranquilo y servicial, puede confiarse en él, pues su moral es estricta. Pero ante todo, busca la paz y la seguridad.
Historia: Implantado en España como Hildefonso, con el tiempo se ha transformado en Alfonso. San Alfonso fue un jesuita mallorquín. Y entre las muchas celebridades de dicho nombre se cuentan los trece reyes españoles.
Números: 6 + 7 = 4
Apellidos: Deben cubrir los números 4, 8 y 9 ausentes, especialmente el 4 (D, M, U) por ser un número clave.
Onomástica: 1 de agosto.

ALFREDO

Etimología: Del germánico *ald-frid* = gobernante pacífico.
Carácter: Sentimental, tierno y simpático, para él lo más importante son los sentimientos, pero en realidad es nervioso, muy cerebral e imaginativo, lo que unido a su elegancia innata y facilidad en asimilar ideas y experiencias le permite triunfar en la vida y conseguir una parcela de poder que le permita lograr la estabilidad –interna y externa– a la que aspira en esta vida..
Historia: San Alfredo fue un rey de Inglaterra del siglo IX. Son célebres Alfred Adler, Alfred Nobel y Alfred Hitchcock.
Números: 4 + 5 = 9
Apellidos: Deben cubrir los números 2, 8 y 9, especialmente el 9 (I, Q, Z) , por ser un número clave.
Onomástica: 26 de agosto.

ÁLVARO

Etimología: Del germánico *all-wars* = totalmente precavido.
Carácter: Lo menos que puede decirse ante tres 9 en sus números clave es que nos hallamos ante una persona que temperamentalmente no tiene términos medios, pasa de un extremo al opuesto. Muy emotivo y abnegado, idealista y deseoso de ser útil, su vida está llena de grandes conflictos internos (el 9 es ausente). Por ello es probable que pase por varias fases antes de alcanzar su verdadera personalidad.

Historia: San Álvaro de Córdoba fue un misionero del siglo XV. Es célebre el almirante Álvaro de Bazán, marqués de Santa Cruz.
Números: 9 + 9 = 9
Apellidos: Deben cubrir los números 2, 4, 6, 8 y 9 ausentes, o los máximos posibles, siendo totalmente imprescindible cubrir el 9 (I, Q, Z), por ser un número tres veces clave. También debe procurarse que existan pocas letras del 1 (A, J, R), para que no llegue a ser excesivo.
Onomástica: 19 de febrero.

AMADEO

Etimología: Del latín *ama-Deus* = devoto.
Carácter: En su carácter existe una dualidad entre dos tendencias, el 4 y el 5, la una ordenada y paciente, y la otra impaciente y desordenada, amante de la aventura y los cambios, lo que ocasiona constantes altibajos. Cuando responde a la influencia del 22, será la segunda tendencia la que domine, y todavía será más místico y capaz de grandes realizaciones.
Historia: San Amadeo fue obispo de Lausana. Debemos citar a los músicos Amadeo Vives, Amadeo Mozart y al pintor Modigliani.
Números: 5 + 8 = 22 = 4
Apellidos: Deben cubrir los números 2, 3, 6, 8 y 9, o los máximos posibles, siendo imprescindible cubrir el 8 (G, O, X), por ser un número clave.
Onomástica: 31 de marzo.

ANASTASIO

Etimología: Del griego anastasis = resurrección.

Carácter: Posee un discreto encanto y una actitud estricta. Su aspecto exterior estricto, encantador, frío y altanero, es para ocultar que interiormente es inquieto, reservado y pudoroso; sin embargo, cuando se siente seguro es sociable y agradable. Es una persona voluntariosa, activa, ambiciosa, racional, lógica y paciente, posee una gran capacidad de trabajo y sabe organizar, dirigir y administrar. Sin embargo, la mezcla de las influencias del 3 y del 4 puede hacer que a veces se mueva entre la extroversión y la generosidad y la introversión y avaricia.

Historia: San Anastasio es uno de los patriarcas de Antioquía desde el siglo VI. Han sido célebres algunos emperadores de Oriente, y modernamente lo ha sido Anastasio Somoza, que fue presidente de Nicaragua.

Números: 1 + 3 = 4

Apellidos: Deben cubrir los números 4, 6 y 8 ausentes, o por lo menos, imprescindiblemente, el 4 (D, M, U) por ser un número clave.

Onomástica: 22 de enero.

ANDRÉS

Etimología: Del griego *andros* = hombre.
Carácter: Es agradable, seductor, elegante, sociable, alegre y comunicativo; pero también ordenado y metódico, se lo piensa mucho antes de decidirse. Idealista, curioso, con una mente abierta y capaz, desea conocerlo todo. Y emotivo y abnegado, se interesa por las cuestiones humanitarias y sociales.
Historia: El apóstol San Andrés, y más modernamente, André Breton, André Gide, André Maurois y Andrés Segovia.
Números: 6 + 3 = 9
Apellidos: Deben cubrir los números 3, 6, 7, 8 y 9 ausentes, siendo especialmente importante cubrir el 3 (C, L, T), el 6 (F, Ñ, W) y el 9 (I, Q, Z), por ser los números clave.
Onomástica: 30 de noviembre.

ÁNGEL

Etimología: Del griego *angelo* = mensajero.
Carácter: Metódico, ordenado, detallista, espíritu analítico; pero a la vez comunicativo, sociable, sensual y adaptable, es capaz de realizar infinidad de cosas y de oficios, cuidando los detalles y no siendo extraño que entre sus aficiones se encuentre alguna relacionada con el arte. Su lado negativo es ser excesivamente detallista y amante de una perfección que no existe.
Historia: Se dice que San Ángel hacía caer fuego del cielo sobre

los navíos enemigos y resucitaba a los muertos. Son célebres, Ángel Ganivet, Ángel Pestaña y Ángel Guimerá.
Números: 6 + 6 = 3
Apellidos: Deben cubrir los números 2, 4, 6, 8 y 9 ausentes, o los máximos posibles, siendo imprescindible cubrir el 6 (F, Ñ, W) por ser un número clave.
Onomástica: 5 de mayo.

ANTONIO

Etimología: Del griego *anthos* = flor, o del latín *antonius* = inestimable.
Carácter: Fuerte, enérgico, estable y paciente, junto a una mente bien organizada y metódica, y una fortaleza física notable, casi siempre consigue lo que se propone, pues nunca se da por vencido. Pero esta paciencia que demuestra en su vida profesional y las cosas importantes de la vida, le falta en las pequeñas contrariedades, que le sacan de quicio.
Historia: San Antonio fue un anacoreta egipcio del siglo IV famoso por sus tentaciones. Han sido Antonios célebres Stradivarius, Gaudí, Vivaldi, Saint-Éxupery, Quinn, Curtis, Tàpies, Maura, etc.
Números: 6 + 4 = 1
Apellidos: Deben cubrir los números 2, 4, 6 y 8 ausentes, especialmente el 4 (D, M, U) y el 6 (F, Ñ, W), por ser números clave.
Onomástica: 13 de junio.

ARMANDO

Etimología: Del germánico *hard-mann* = hombre duro.
Carácter: Es un seductor enamorado de la vida, de la libertad y la independencia, y siempre deseoso de ser útil, pero ante todo, es un seductor enamorado de la vida y los placeres que sabe adaptarse a todas las circunstancias, incluso profesionalmente, pero su necesidad de cambio y su curiosidad convierten su vida en algo cambiable e inestable.
Historia: San Armando fue un sacerdote que murió mártir durante la Revolución Francesa. Han sido célebres el cardenal Richelieu y el escritor Armando Palacio Valdés.
Números: 9 + 5 = 5
Apellidos: Deben cubrir los números 2, 3, 6, 8 y 9 ausentes, o los máximos posibles, siendo imprescindible cubrir el 9 (I, Q, Z), número clave. También debe procurarse que existan pocas letras del 1 (A, J, R), para evitar que sea excesivo.
Onomástica: 23 de enero.

ARNALDO

Etimología: Del germánico *arn-waldan* = águila gobernante.
Carácter: Bajo su apariencia flemática, altiva y distante, es tranquilo, reservado, serio y profundo, pero también algo tímido, honesto, concienzudo y detallista. Íntimamente es idealista, algo místico y enemigo de artificios y sofisticaciones. Su único defecto, con un

1 excesivo, es un cierto autoritarismo y tozudez. Pero cuando es capaz de responder al 22, se vuelve más intuitivo, clarividente y creativo, soñando crear algo perdurable.

Historia: El bienaventurado Arnaldo a los 20 años ya era abad de un monasterio, muriendo en 1255. Son célebres el reformador Arnaldo de Brescia, el médico y alquimista Arnau de Vilanova y Arnaldo Desjardins.

Números: 9 + 4 = 22 = 4

Apellidos: Deben cubrir los números 2, 6, 8 y 9 ausentes, pero muy especialmente el 9 ((I, Q, Z), por ser un número clave. También debe procurarse que existan pocas letras del 1 (A, J, R), para que deje de ser excesivo.

Onomástica: 14 de marzo.

ARSENIO

Etimología: Del griego *arsen* = viril.

Carácter: Simpático, seductor y comunicativo, lleno de encanto y magnetismo, distinguido y pleno de gracia, en realidad es muy emotivo y desea ante todo la seguridad, la calma y la estabilidad, intentando destacar en todo cuanto se relacione con la creatividad y la comunicación. La contradicción entre las influencias del 3 y el 4 hace que a veces sea disperso y amante de la buena vida, y otras esforzado, dinámico y disciplinado. Pero cuando es capaz de reaccionar al 22, adquirirá una seguridad y confianza en sí mismo como nunca habría soñado.

Historia: San Arsenio era un funcionario romano que se retiró a la vida ascética. Son famosos el físico Arsenio d'Arsonval, el general

Arsenio Martínez Campos y el entrenador de fútbol, Arsenio Iglesias.
Números: 22 = 4 + 8 = 3
Apellidos: Deben cubrir los números 3, 4, 6 y 8 ausentes, pero muy especialmente el 3 (C, L, T), el 4 (D, M, U) y el 8 (H, P, Y), por ser sus números clave.
Onomástica: 18 de julio.

ARTURO

Etimología: Del griego *arktos-ouros* = guardián de la osa.
Carácter: Enérgico, obstinado y de aspecto luchador, su fin primordial es el poder y la riqueza; sin embargo, ello no es obstáculo para que posea una buena inteligencia y capacidad de adaptación. En el fondo es un tímido que duda de sus capacidades, pero lo disimula bajo su ruda coraza. Con un 1 excesivo, es capaz de grandes cóleras cuando se enfrenta a la iniquidad, pero también con notable sangre fría sabe desempeñar su trabajo con eficacia y sentido práctico.
Historia: San Arturo fue uno de los mártires inmolados por Enrique VIII en 1539. Pero el más famoso es el legendario rey Arturo y sus caballeros de la Tabla Redonda.
Números: 3 + 5 = 8
Apellidos: Deben cubrir los números 2, 5, 6, 8 y 9 ausentes, o los máximos posibles, siendo imprescindible cubrir el 5 (E, N, V) y el 8 (H, P, Y), números clave. También debe evitarse que existan letras del 1 (A, J, R), para evitar que siga siendo excesivo.
Onomástica: 1 de septiembre.

AUGUSTO

Etimología: Del latín *augustus* = consagrado por los augures.

Carácter: Capaz de asumir toda clase de responsabilidades, justo y responsable, sociable y abierto, busca ante todo la calma y la tranquilidad, el estudio y la meditación, por lo cual suele dejarse llevar por los acontecimientos para preservar su independencia personal. Buen comunicador, sabe usar sus capacidades para triunfar. Sin embargo, sentimentalmente es muy reservado.

Historia: El Senado romano otorgó a Octavio el sobrenombre de Augusto, y a partir de él este nombre fue usado por todos los emperadores sagrados, para indicar que eran elegidos por los dioses. Modernamente son famosos Augusto Picard, Augusto Rodin y Augusto Pi i Sunyer.

Números: 7 + 3 = 1

Apellidos: Deben cubrir los números 5, 6, 8 y 9 ausentes, o los máximos posibles.

Onomástica: 7 de octubre.

BALDUINO

Etimología: Del germánico *bald-win* = amigo valiente.
Carácter: Valeroso, severo y obstinado, pero a la vez tímido, inquieto y muy sensible, duda de sus capacidades y lo compensa con gran actividad, inteligencia y facilidad de comunicación. Posee un gran sentido de la amistad y basa su vida familiar en la mutua confianza, respeto, autenticidad y libertad.
Historia: San Balduino fue abate de San Pastore. Su celebridad actual es el recién fallecido Balduino de Bélgica.
Números: 3 + 5 = 8
Apellidos: Deben cubrir los números 6 y 8, especialmente este último (H, P, Y), por ser un número clave.
Onomástica: 21 de agosto.

BALTASAR

Etimología: Del asirio *Bel-tas-assar* = Que el dios Bel proteja al rey.
Carácter: Curioso, vivo, alerta, con los nervios a flor de piel, hábil, ingenioso, inteligente y con una buena resistencia física y capacita-

do para el trabajo en equipo. Sin embargo, es amante de la aventura y muy independiente, lo que unido al 1 excesivo provoca una contradicción interna que puede conducirle a comenzar muchas cosas y no finalizar ninguna. Si llega a responder al 11, predominará la ambición y la originalidad y es probable que su vida sea realmente apasionante.

Historia: El Baltasar más conocido es el Rey Mago de dicho nombre. También son muy conocidos los escritores Baltasar Gracián, Baltasar de Alcázar y Baltasar Porcel.

Números: $3 + (11 = 2) = 5$

Apellidos: Deben cubrir los números 4, 5, 6, 7, 8 y 9 ausentes, o los máximos que se pueda, siendo imprescindible cubrir el 5 (E, N, U) por ser número clave. También es conveniente que existan muy pocas letras del 1 (A, J, R) para evitar que siga siendo excesivo.

Onomástica: 6 de enero.

BARTOLOMÉ

Etimología: Del hebreo *bar-Tolomai* = hijo de Ptolomeo.

Carácter: Ordenado, metódico, responsable y muy trabajador, suele triunfar en la vida, aunque deba luchar dura y pacientemente, y como sabe que el tiempo trabaja a su favor, no se apresura nunca. Sus mayores necesidades se centran en la paz y la tranquilidad, especialmente emocional.

Historia: Dice la leyenda que San Bartolomé, discípulo de Jesús, murió despellejado. Son célebres Bartolomé de las Casas, Bartolomé Díaz, Bartolomé Leonardo de Argensola y Bartolomé Esteban Murillo.

Números: 2 + 4 = 6

Apellidos: Deben cubrir los números 6, 8 y 9 ausentes, o por lo menos imprescindiblemente el 6 (F, Ñ, W), por ser un número clave.

Onomástica: 24 de agosto.

BASILIO

Etimología: Del griego *basileus* = monarca.

Carácter: De Basilio se desprende un aire de discreción y reserva, de equilibrio y armonía, así como un cierto aire de misterio. Sociable, tímido y prudente sabe dejarse llevar por la corriente cuando es necesario para preservar su independencia, pues además es un ambicioso capaz de los mayores esfuerzos.

Historia: San Basilio el Grande fue un gran doctor de la Iglesia. Como célebres citaremos al alquimista Basilio Valentín y al actor Basil Rathbone.

Números: 9 + 7 = 6

Apellidos: Deben cubrir los números 4, 5, 6 y 8 ausentes, o los máximos posibles, siendo imprescindible cubrir el 6 (F, Ñ, W), por ser un número clave.

Onomástica: 2 de enero.

BAUTISTA

Etimología: Del griego *baptiste*s = el que bautiza.
Carácter: Es un idealista capaz de dar lo mejor de sí mismo cuando se siente querido y respaldado, por lo que necesita hallar un alma gemela que le cuide y le mime. Profesionalmente es metódico, y bien organizado, deseando ser independiente; pero lo que más le atrae es la vida interior, la reflexión e incluso, a veces, la religión.
Historia: Viene de San Juan Bautista. El Bautista más célebre fue Molière, que en realidad se llamaba Juan Bautista Poquelin.
Números: 6 + 1 = 7
Apellidos: Deben cubrir los números 5, 6, 7 y 8 ausentes, muy especialmente el 6 (F, Ñ, W) y el 7 (G, O, X, C) por ser números clave.
Onomástica: 2 de junio.

BENITO

Etimología: Del latín *benedictus* = bendito.
Carácter: Prudente y reservado no se confía sin saber antes a quién tiene delante. No obstante, es serio, razonable, responsable y, a pesar de su timidez, algo mandón y obstinado. Está bien dotado para solucionar problemas prácticos por su capacidad organizadora, constancia y amor al detalle. Sin embargo, hay momentos en que pierde su seriedad y se muestra alegre y extrovertido. Emotivamente es fiel y estable, aun cuando a veces le cueste expresar sus sentimientos.

Historia: San Benito fue el fundador de los Benedictinos. Como famosos podemos citar a Benito Pérez Galdós y Benito Mussolini.
Números: 3 + 1 = 4
Apellidos: Deben cubrir los números 2, 4, 6 y 8 ausentes, siendo imprescindible cubrir el 4 (D, M, U) por ser un número clave.
Onomástica: 11 de julio.

BENJAMÍN

Etimología: Del hebreo *ben-yamin* = hijo de la mano derecha, es decir, el último y predilecto de los hijos.
Carácter: Enérgico y obstinado, confiado en sí mismo y deseoso de hacerlo todo y mejor que los demás. Necesita gastar la enorme energía que es capaz de desarrollar e ir siempre hacia delante gracias a su imaginación y capacidad de reacción. Es amante del hogar y la familia, pero es muy celoso de sus prerrogativas.
Historia: Es el Benjamín bíblico. Son famosos Benjamin Franklin, Benjamin Constant y Benny Goodman.
Números: 6 + 8 = 5
Apellidos: Deben cubrir los números 3, 6, 7 y 8 ausentes, especialmente el 6 (F, Ñ, W) y el 8 (H, P, Y) por ser números clave. También debe procurarse que existan muy pocas letras del 5 (E, N, V) para evitar que se convierta en excesivo.
Onomástica: 31 de marzo.

BERNARDO

Etimología: Del germánico *bern-hard* = oso fuerte.
Carácter: Franco, directo, honesto, valiente y reservado, posee un alto concepto de la amistad y la lealtad, por lo cual es algo desconfiado y le cuesta mucho otorgar su confianza y amistad. Muy trabajador y obstinado se realiza en el trabajo, y sus fines primordiales son el poder y los bienes materiales.
Historia: San Bernardo de Clairvaux predicó la segunda cruzada y fundó la orden de los Bernardinos. También son famosos el escritor Bernard Shaw y el príncipe Bernardo de Holanda.
Números: 4 + 4 = 8
Apellidos: Deben cubrir los números 3, 6, 8 y 9 ausentes, o los máximos que se pueda, siendo imprescindible cubrir el 8 (H, P, Y), por ser un número clave.
Onomástica: 20 de agosto.

BORIS

Etimología: Del eslavo *boroj* = guerrero.
Carácter: Comunicativo y encantador, adaptable y simpático, elegante, hábil y con la facilidad de asimilar ideas y experiencias, es capaz de destacar en cualquier actividad que se proponga, especialmente si se relaciona con la creatividad o la comunicación. También posee un sentido innato de la justicia y el deseo de progresar. Su único defecto es la inestabilidad.

Historia: San Boris fue hijo de San Vladimiro. Son famosos los escritores Boris Vian y Boris Pasternak, el actor Boris Karloff, el presidente ruso Boris Eltsin, y el tenista Boris Becker.
Números: 7 + 5 = 3
Apellidos: Deben cubrir los números 3, 4, 5, 6 y 8 ausentes, o los máximos posibles, siendo imprescindible cubrir el 3 (C, L, T) y el 5 (E, N, V), por ser números clave.
Onomástica: 24 de julio.

BORJA

Etimología: Es el nombre abreviado de San Francisco de Borja, que actualmente se usa como nombre propio.
Carácter: Oscila entre dos tendencias, la del 3 activo que le confiere rápida comprensión, don de gentes y adaptabilidad, y el 4 de realización, estable, paciente y estabilizador. Pero con un 1 excesivo en su rejilla, lo más probable es que domine la influencia del 3; en este caso deberá controlar su tendencia al autoritarismo y egocentrismo, que pueden surgir en cualquier momento.
Historia: Es un nombre originario de Aragón y significa cabaña. Son célebres don Francisco de Borja, cuarto duque de Gandía, y el Papa Calixto III, que se llamaba Alonso Borja.
Números: 8 + 4 = 3
Apellidos: Deben cubrir los números 3, 4, 5, 6, 8 y 9, pero muy especialmente el 3 (C, L, T), el 4 (D, M, U) y el 8 (H, P, Y), por ser sus números clave. También debe procurarse que existan pocas letras del 1 (A, J, R), para evitar que siga siendo excesivo.
Onomástica: 3 de octubre.

BRUNO

Etimología: Del germánico *brun* = escudo, coraza.
Carácter: Con una fuerte personalidad y don de mando y dirección, imaginativo y rápidas decisiones, asume voluntarioso cuantas responsabilidades se le presenten; sin embargo, en el fondo es muy sensible y emotivo. Pero cuando responde al 11 posee una gran ambición que le impulsa a lanzarse a fondo sin reflexionar.
Historia: San Bruno fue el fundador de la orden de los cartujos. Son Brunos célebres el canciller Bruno Kreisky y el director de orquesta Bruno Walter.
Números: 11= 2 + 8 = 1
Apellidos: Deben cubrir los números 3, 6, 8 y 9, pero muy especialmente el 8 (H, P, Y), por ser un número clave.
Onomástica: 6 de octubre.

BUENAVENTURA

Etimología: Es un deseo medieval de buen augurio que se ha empleado como nombre propio.
Carácter: Es imprevisible, pues íntimamente busca la estabilidad y el matrimonio, y dado que posee habilidad manual y facilidad de palabra está bien dotado para la vida cotidiana. Sin embargo, su número activo, el 5, es excesivo, por lo cual también se convierte en excesivo su deseo de hacerlo todo, de cambiarlo todo, y su curiosidad y la necesidad de libertad lo hacen muy inestable y superficial.

Historia: San Buenaventura fue un seráfico doctor de la Iglesia y ministro general de los Franciscanos. Son famosos Buenaventura Carlos Aribau y Buenaventura Durruti.

Números: 2 + 3 = 5

Apellidos: Deben cubrir los números 6, 7, 8 y 9 ausentes, o los máximos que se pueda. También debe procurarse que no existan letras del 5 (E, N, V) para evitar que siga siendo excesivo.

Onomástica: 15 de julio.

CAMILO

Etimología: *Camilos* era la divinidad padre de los cabirios.

Carácter: Seguro, fuerte, reservado, independiente, activo, emprendedor, prágmático y con los pies bien asentados en el suelo, su interés primordial se centra en sí mismo y en su bienestar material. Pero también existe otra faceta, pues es compasivo, abnegado e interesado en formar parte de grupos de sus mismos ideales; sin embargo, incluso en dichas cuestiones, siempre sobresaldrá su fuerte personalidad.

Historia: San Camilo de Lellis es el fundador de la orden de los Camilos, antepasada directa de la Cruz Roja. Son famosos Desmoulins, Pisarro, Saint-Seans, Flamarión y, actualmente, Camilo Sesto.

Números: 8 + 1 = 9

Apellidos: Deben cubrir los números 2, 5, 6 y 8 ausentes, pero muy especialmente el 8 (H, P, Y) por ser un número clave.

Onomástica: 14 de julio.

CARLOS

Etimología: Del germánico *Karl* = viril.
Carácter: Enérgico, viril, valiente y combativo, obstinado y reservado, su objetivo es el poder y los bienes materiales, y para conseguirlo sabe actuar con notable rapidez y eficacia. No soporta la supeditación, y cuando la acepta es por fuerza, lo que lo hace irritable e impulsivo. Muy audaz, sigue el impulso del momento, y suele inclinarse por la política, la milicia o las finanzas.
Historia: San Carlos Borromeo fue arzobispo de Milán. Son innumerables los reyes y emperadores que han llevado este nombre. Como más actuales podemos citar a Chaplin, Darwin, De Gaulle, Marx y Arniches.
Números: 8 + 9 = 8
Apellidos: Deben cubrir los números 4, 5, 6, 8 y 9 ausentes, o los máximos posibles, siendo indispensable cubrir el 8 (H, P, Y) y el 9 (I, Q, Z), sus números clave.
Onomástica: 4 de noviembre.

CÉSAR

Etimología: Del latín *caesar* = melenudo.
Carácter: Abierto, jovial, exuberante, entusiasta y simpático, se impone por su sensibilidad, inteligencia, habilidad y adaptabilidad, todo lo cual le permite destacar en cualquier actividad relacionada con la creatividad y la comunicación. También es organizado, deta-

llista y curioso, sin embargo, debe dominar su tendencia al narcicismo y a la intolerancia. Con su 6 ausente, tiende a buscar el camino más fácil, rehuyendo responsabilidades.

Historia: Después de Julio César, son numerosos los soberanos y triunfadores de dicho nombre, siendo famosos el amoral César Borgia, el músico César Franck y el historiador César Cantú.

Números: 6 + 6 = 3

Apellidos: Deben cubrir los números 4, 6, 7, 8 y 9 ausentes, o los máximos posibles, e imprescindiblemente el 6 (F, Ñ, W) por ser un número doblemente clave.

Onomástica: 29 de agosto.

CLAUDIO

Etimología: Del latín *claudius* = cojo.

Carácter: A pesar de su apariencia es emotivo y sensible; serio, razonable, servicial, concienzudo y disciplinado, muy activo y obstinado, sabe organizarse muy bien en la vida. Cuando su inteligencia innata le impulsa a establecer amistades, muestra una extroversión de la que parecía incapaz.

Historia: Es el apodo del emperador Claudio I convertido en nombre de pila. Han sido Claudios famosos Monet, Monteverdi y Debussy.

Números: 3 + 1 = 4

Apellidos: Deben cubrir los números 2, 5, 6 y 8 ausentes, o los máximos que se pueda.

Onomástica: 6 de junio.

CONSTANTINO

Etimología: Del latín *constantinus* = de la familia de Constante.
Carácter: Fuerte y dominante, ambicioso y confiado en sus propias fuerzas, su interés primordial consiste en preservar su libertad e independencia. Sabe ser amable y agradable, y siempre está dispuesto a los cambios y aventuras, a vivir nuevas experiencias, siempre impelido por su curiosidad, idealismo y vitalidad.
Historia: San Constantino fue patriarca de Constantinopla hasta el año 677. Son famosos Constantino I y II de Grecia, Constantino Karamanlis, también de Grecia, y Constantino Romero, el presentador de TV.
Números: 6 + 8 = 5
Apellidos: Deben cubrir los números 4, 6 y 8 ausentes, pero es imprescindible que cubran el 6 (F, Ñ, W) y el 8 (H, P, Y), números clave.
Onomástica: 27 de julio.

CRISTIÁN

Etimología: Del latín *christianus* = cristiano.
Carácter: Es metódico y ordenado, con capacidad de mando y decisión; agradable y encantador, en el fondo es un idealista que aspira a vivir libremente y sueña con grandes proyectos. Los sentimientos son muy importantes para él, y es frecuente que se vea afectado, para bien o para mal, por su familia.

Historia: San Cristián evangelizó Polonia en el siglo II. Son famosos el cirujano Christian Barnard, el escritor Hans Christian Andersen y el físico Christian Doppler.
Números: 5 + 6 = 1
Apellidos: Deben cubrir los números 4, 6, 7 y 8 ausentes, o los máximos que se pueda, siendo imprescindible cubrir el 6 (F, Ñ, W), por ser un número clave.
Onomástica: 15 de diciembre.

CRISTÓBAL

Etimología: Del griego *khristophoros* = el que lleva a Cristo.
Carácter: Por un lado, busca la estabilidad, el orden y el rigor, y por el otro, siente la necesidad de ir siempre adelante, de triunfar y progresar en todo lo que emprende y contando con su facilidad para aprender sobre la marcha. Por dicho motivo es capaz de esforzarse y luchar con orden y constancia hasta el momento en que le invade la necesidad de ir más allá, de cambiar de objetivo. Hay que tener en cuenta que con sus tres números clave ausentes, todas sus posibilidades y cualidades son meramente potenciales, por lo cual interiormente nunca está seguro y siempre tiene la necesidad de nuevos trinfos y de nuevos caminos.
Historia: Dice la leyenda que San Cristóbal llevó en sus brazos al niño Jesús para ayudarle a cruzar un río. Como célebres citaremos al descubridor Cristóbal Colón, al poeta Cristóbal de Castillejos y al actor Christopher Lee.
Números: 8 + 5 = 4
Apellidos: Deben cubrir los números 4, 6, 7 y 8 ausentes, o los

máximos posibles, pero muy especialmente el 4 (D, M, U), el 5 (E, N, V) y el 8 (H, P, Y), por tratarse de sus números clave.
Onomástica: 25 de julio.

DAMIÁN

Etimología Del griego *damia*, sobrenombre de Cibeles, diosa de la fertilidad.

Carácter: Serio, estable, metódico, trabajador y paciente, desea formar un hogar que le sirva de punto de apoyo para desarrollar sus grandes ambiciones, sabiendo de antemano que no le será fácil. Esto si responde al 11; pero si sólo lo hace al 2, se centrará en hacerlo todo lo mejor posible y, ante todo, lograr que su hogar sea estable y duradero.

Historia: San Damián y su hermano San Cosme fueron médicos cristianos martirizados por Diocleciano.

Números: 11 = 2 + 4 = 6

Apellidos: Deben cubrir los números 2, 3, 6, 7 y 8 ausentes, o los máximos que se pueda, siendo indispensable cubrir el 2 (B, K, S) y el 6 (F, Ñ, W), números clave.

Onomástica: 26 de septiembre.

DANIEL

Etimología: Del hebreo *dan* = juicio, y *El* contracción de Elhoim (Dios). Es pues, justicia de Dios.

Carácter: Sociable, seductor y comunicativo, es inteligente, ordenado y con una notable habilidad manual. Muy curioso, le gusta investigar muchos temas, incluso los relacionados con el más allá; pero lo que más le interesa son las cuestiones sociales y humanitarias.

Historia: Además del profeta bíblico Daniel, Daniel el Estilita vivió en el siglo V. Son célebres Daniel Defoe, Daniel Bone, Dany Kaye y Danielle Darrieux.

Números: 6 + 3 = 9

Apellidos: Deben cubrir los números 2, 6, 7 y 8 ausentes, o los máximos posibles, siendo indispensable cubrir el 6 (F, Ñ, W), número clave.

Onomástica: 3 de enero.

DAVID

Etimología: Del hebreo *dauod* = amado.

Carácter: Es un constructor seguro de sí mismo, de su valor y de sus ideas que desea ser el mejor en todo y lograr su independencia personal. A la vez es curioso y amante del cambio, pero su capacidad para adaptarse le permite usar las cualidades oportunas del momento.

Historia: San David fue un famoso ermitaño del siglo VI. Citaremos también a Hume, Livingstone, Ben Gurion, Teniers, Eisenhower y Niven.
Números: 1 + 4 = 5
Apellidos: Deben cubrir los números 2, 3, 6, 7 y 8 ausentes, o los máximos que se pueda.
Onomástica: 26 de junio.

DARÍO

Etimología: Del persa *darayaraus* = activo.
Carácter: Sociable, agradable y seductor, pero muy reservado en cuanto se refiere a su vida privada, puede destacar en cualquier actividad relacionada con la creatividad. Su mayor defecto es que a veces puede mostrarse autoritario y agresivo. Cuando responde al 22, su creatividad es mucho mayor, siendo capaz de grandes realizaciones.
Historia: San Darío fue martirizado en Nicea en el siglo IV. El Darío más famoso ha sido el emperador persa Darío I; también son célebres el compositor Darío Milhaud y al actor y dramaturgo Darío Fo.
Números: 8 + 5 = 22 = 4
Apellidos: Deben cubrir los números 2, 3, 5, 6 y 8 ausentes, o los máximos que se pueda, siendo indispensable cubrir el 5 (E, N, V) y el 8 (H, P, Y), números clave.
Onomástica: 25 de octubre.

DIEGO

Etimología: Del hebreo *yakob* = el segundo.
Carácter: Es vivo, hábil, fuerte, inteligente y capacitado para trabajar en equipo o en asociaciones, ya sea políticas, sociales o comerciales, pero al ser muy independiente sólo lo hace si ello no es en menoscabo de su libertad individual. Cuando es capaz de responder al 11 su vida es tan intensa como su ambición.
Historia: El nombre primitivo era el de Jacobo, que se ha ido transformando y dividiendo con el tiempo en otros nombres independizados: Diego, Santiago y Jaime, todos muy populares. San Diego de Alcalá fue un franciscano andaluz. Como famosos citaremos a Diego de Almagro, Diego Hurtado de Mendoza y Diego de Saavedra.
Números: 3 + (11 = 2) = 5
Apellidos: Deben cubrir los números 1, 2, 3, 6 y 8 ausentes, o los máximos que se pueda, siendo indispensable cubrir el 2 (B, K, S) y el 3 (C, L, T), números clave.
Onomástica: 13 de noviembre.

DIMAS

Etimología: Es muy confusa, por lo que nos abstenemos
Carácter: Dimas muestra dos tendencias contradictorias: por el 1 es autoritario, independiente y seguro de sí mismo, mientras que por el 2 es estable, dependiente y pasivo. Esto suscita problemas

internos e incoherencias externas que dan origen a un carácter ciclotímico. Por lo general, la tendencia dominante es la del 1.
Historia: San Dimas es el buen ladrón, que fue crucificado junto a Jesucristo.
Números; 1 + 1 = 2
Apellidos: Deben cubrir los números 3, 5, 6, 7 y 8 ausentes, o los máximos que se pueda.
Onomástica: 25 de marzo.

DOMINGO

Etimología: Del latín *dominicus* = del señor.
Carácter: Soñador, idealista y con ansias de libertad (por el 5), pero también cerebral e introvertido (por el 7), resulta un carácter cambiante, lleno de dudas y contrastes, sobre un fondo de inadaptación, pudiendo caer tanto en la agresividad como en la abulia, pero si sabe encaminar su idealismo hacia derroteros espirituales es más fácil que pueda superar sus contradicciones internas.
Historia: San Domingo de Guzmán es el fundador de la orden Benedictina. Son Domingo célebres Scarlatti, Sarmiento, El Greco, Ortega y Modugno.
Números: 5 + 2 = 7
Apellidos: Deben cubrir los números 1, 2, 3, 6 y 8 ausentes, o los máximos posibles, siendo indispensable cubrir el 2 (B, K, S), número clave. También es conveniente que existan muy pocas letras del 7 (G, O, X), para evitar que se convierta en excesivo.
Onomástica: 12 de mayo.

EDUARDO

Etimología: Del germánico *Ed-ward* = guardián de la riqueza.

Carácter: Enérgico, combativo, obstinado y distinguido, sueña con el poder y la riqueza y no soporta la supeditación. En la vida práctica es reservado y deseoso de ser útil ya sea en la mística, el deporte o la política. Franco y directo, no tolera la falsedad.

Historia: San Eduardo fue asesinado por su madrastra en el siglo X. Son Eduardos célebres Manet, Deladier, Balladur, Heath y Chillida.

Números: 8 + 9 = 8

Apellidos: Deben cubrir los números 2, 3, 6, 8 y 9 ausentes, o los máximos que se pueda, siendo imprescindible cubrir el 8 (H, P, Y) y el 9 (I, Q, Z), números clave. También debe procurarse que existan pocas letras del 4 (D, M, U) para evitar que se convierta en excesivo.

Onomástica: 13 de octubre.

ELÍAS

Etimología: Del hebreo *El* = Dios y *Yha* = Dios.
Carácter: Metódico, organizado, elegante y con facilidad para asimilar conocimientos y experiencias, es adaptable y maleable, pero sabe hacer valer sus ideas con firmeza. Posee un buen sentido de la cooperación y los negocios, no dudando en asociarse si es necesario. A pesar de ser muy intuitivo, también es lógico y práctico.
Historia: El profeta San Elías. Son conocidos Elías Faure, Elia Kazán, Elie Mechnikof y Elías Canetti.
Números: 6 + 5 = 2
Apellidos: Deben cubrir los números 4, 6, 7 y 8 ausentes, o los máximos que se pueda, siendo imprescindible cubrir el 6 (F, Ñ, W), número clave.
Onomástica: 17 de abril.

ELOY

Etimología: Del latín *eligius* = elegido.
Carácter: Dinámico, tenaz, adaptable, alegre y buen conversador, posee una gran capacidad de acción, aun cuando se muestra muy irregular, pues es un curioso que desea conocer nuevos paisajes y nuevas experiencias. Sin embargo, es algo ciclotímico e impaciente, capaz de cambiar de humor sin motivo aparente.
Historia: San Eloy es el patrono de los orfebres. Son célebres el director Eloy de la Iglesia y el actor Eloy Arenas.

Números: 3 + (11 = 2) = 5

Apellidos: Deben cubrir los números 1, 2, 4, 6 y 9 ausentes, o los máximos que se pueda, siendo indispensable cubrir el 2 (B, K, S), número clave.

Onomástica: 1 de diciembre.

EMILIO

Etimología: Del griego *aemilios* = amable.

Carácter: Es sobrio, reservado y con una autoridad innata. A veces dinámico, extrovertido, alegre y optimista, y otras secreto, introvertido y dejándose llevar por la corriente, lo que no impide que posea una gran capacidad de trabajo. Brillante intelectualmente, es sociable y capaz de mostrarse inagotable cuando un tema le apasiona.

Historia: San Emilio fue torturado junto a San Casto. Son célebres, Littre, Zola, Castelar, Marconi y Aragón.

Números: 3 + 7 = 1

Apellidos: Deben cubrir los números 1, 2, 6 y 8 ausentes, o los máximos que se pueda, siendo imprescindible cubrir el 1 (A, J, R), número clave.

Onomástica: 28 de mayo.

ENRIQUE

Etimología: Del germánico *haim-rik* = Hogar del rey.
Carácter: Sensible, emotivo, romántico, flemático, soñador e idealista, aspira a vivir libremente, pero se pierde fácilmente en los detalles al ser demasiado metódico y ordenado. Su sentido de la amistad, la cooperación y diplomacia palían en cierto modo su pereza y dispersión, pero si responde al 11 adquirirá suficiente carisma y ambición para realizarse.
Historia: San Enrique, duque de Baviera, fue coronado como emperador del Sacro Imperio Germánico. Son Enriques famosos Heine, Bergson, Matisse, Caruso y Granados.
Números: $5 + 6 + 11 = 2$
Apellidos: Deben cubrir los números 2, 3, 6, 7 y 8 ausentes, o los máximos que se pueda, siendo indispensable cubrir el 2 (B, K, S) y el 6 (F, Ñ, W), números clave. También debe procurarse que existan muy pocas letras del 5 (E, N, V) para evitar que sea excesivo.
Onomástica: 13 de julio.

ERNESTO

Etimología: Del germánico *ernest* = serio.
Carácter: Con una fuerte personalidad y dinamismo, reservado, responsable y con muchos deseos de triunfar. Si sólo responde al 2, es laborioso, tenaz y cooperador, pero también predispuesto a la dispersión e incluso a la abulia, que impiden su búsqueda de

la seguridad. Pero si responde al 11, sus defectos parecen desaparecer y es capaz de llevar a término proyectos ambiciosos.

Historia: San Ernesto fue abad de Zwiefalten en el siglo XII. Son Ernestos famosos Renán, Hemingway, Jünger y Bozzano.

Números: $8 + (11 = 2) = 1$

Apellidos: Deben cubrir los números 4, 6, 8 y 9 ausentes, o los máximos que se pueda, siendo indispensable cubrir el 8 (H, P, Y), número clave. También es necesario que existan muy pocas letras del 5 (E, N, V) para evitar que se convierta en excesivo.

Onomástica: 7 de noviembre.

ESTEBAN

Etimología: Del griego *stephanos* = coronado.

Carácter: Vital y apasionado, gusta del riesgo, la aventura y lo desconocido; pero una vez realizado su deseo, lo olvida y busca otra cosa. Impulsivo e impaciente, idealista y soñador, sensible, simpático y cooperador, necesita sentirse rodeado de gente para demostrar sus habilidades. Con un 5 excesivo, su mayor defecto es la dispersión, el no saber estarse quieto. Pero cuando es capaz de responder a la influencia del 11, se exalta su intuición y carisma, y pude integrarse en movimientos sociales, humanitarios o esotéricos.

Historia: San Esteban fue el primer mártir del Cristianismo. También han sido célebres Esteban Murillo, Stefan Zweig, Stephen Foster, Stephen Hawkins, Stefano Casiraghi y Steve McQueen.

Números: $11 = 2 + 3 = 5$

Apellidos: Deben cubrir los números 4, 6, 7, 8 y 9 ausentes, o los máximos que se pueda, y además es conveniente que existan muy pocas letras del 5 (E, N, V) para evitar que siga siendo excesivo.

Onomástica: 26 de diciembre.

EUGENIO

Etimología: de *eu-genos* = bien engendrado.

Carácter: Encantador y seductor, cuidadoso de su aspecto, es capaz de mostrarse ingenioso, inteligente y comunicativo, y si a esto unimos un espíritu conciliador y su habilidad manual, no es extraño que sea muy apreciado por quienes le tratan. Su mayor defecto es el de la dispersión, pues a pesar de su aptitud para asumir responsabilidades e intentar ser ordenado y metódico, le pierde su curiosidad y ganas de cambios.

Historia: San Eugenio fue arzobispo de Toledo, muriendo mártir. También han sido célebres Eugène Delacroix, Eugène Grasset, Eugène Ionescu y Eugeni d'Ors.

Números: 3 + 3 = 6

Apellidos: Deben cubrir los números 1, 2, 3, 6, 8 y 9 ausentes, o los máximos que se pueda, siendo imprescindible cubrir el 3 (C, L, T) y el 6 (F, Ñ, W), por tratarse de sus números clave.

Onomástica: 2 de junio.

FEDERICO

Etimología: Del germánico *fried-rik* = rey pacífico.

Carácter: Autoritario, franco, directo y elegante, ambicioso y algo desconfiado, necesita sopesar mucho las cosas antes de decidirse y no otorga su confianza con facilidad. La oposición entre el 4 y el 5 hace que se mueva entre dos tendencias: la conservadora, estable y ordenada, y la expansiva, ambiciosa y adaptable, tendencias que se alternarán según las circunstancias.

Historia: San Federico fue obispo de Utrech. Además de los numerosos reyes, emperadores y nobles, son famosos Chopin, Mistral, Arriaga, Nietsche, García Lorca y Fellini.

Números: 8 + 5 = 4

Apellidos: Deben cubrir los números 2 y 8, especialmente importante es cubrir el 8 (H, P, Y), número clave.

Onomástica: 18 de julio.

FELIPE

Etimología: Del griego *Philos - Hippos* = amigo de los caballos.
Carácter: Fuerte y seguro, con un intenso magnetismo personal, en el fondo es tierno y sensible. Es autoritario, mandón y algo vanidoso; pero deseoso de ser útil a los demás, ya sea en la mística, la política o en temas humanitarios. Sensible y emotivo, tanto reacciona con violencia como con generosidad. Le estimulan las dificultades y necesita de los demás para realizarse y sentirse superior, ser el jefe indiscutible.
Historia: San Felipe fue discípulo de San Juan Bautista. Han sido Felipes muchos reyes y emperadores, y celebridades como Felipe de Edimburgo, Felipe de Lieja, el príncipe Felipe de Borbón, Felipe Daudet y Felipe González.
Números: $1 + 8 = 9$
Apellidos: Deben cubrir los números 1, 2, 4 y 7 ausentes, o los máximos que se pueda, siendo indispensable cubrir el 1 (A, J, R), número clave.
Onomástica: 3 de mayo.

FÉLIX

Etimología: Del latín *felix* = feliz.
Carácter: Es un idealista original y excéntrico cuyo carácter contradictorio puede resultar desconcertante. Por una parte es activo, seductor, alegre y a veces inestable y amante de la libertad y el cam-

bio; pero por otra parte es estudioso, adaptable y capaz de destacar en cualquier actividad creativa, artística o relacionada con la comunicación. En cada momento dominará la faceta que se vea favorecida por las circunstancias.

Historia: San Félix de Nola fue perseguido y martirizado, pero murió de muerte natural. Son Félix célebres el escritor Lope de Vega, el presidente Faure, el cantante Leclerc y el naturalista Rodríguez de la Fuente.

Números: 5 + 7 = 3

Apellidos: Deben cubrir los números 1, 2, 4 y 8 ausentes.

Onomástica: 14 de enero.

FERMÍN

Etimología: Del latín *firmus* = firme.

Carácter: Es muy difícil de definir por sus contradicciones internas; por el 5 necesita comunicarse y exteriorizarse y, sobre todo, libertad; en cambio, sus otros dos números clave, el 3 y el 7, son ausentes, por ello, a pesar de su afición al estudio y sus capacidades creativas, le costará comunicarse y convencer, lo que sólo conseguirá a fuerza de voluntad, del mismo modo que le costará mucho hacer realidad sus sueños de libertad e independencia, por lo que de tanto en tanto mostrará tendencia a la depresión. En el fondo, es idealista, soñador y adaptable.

Historia: San Fermín, obispo de Amiens, murió mártir en el siglo IV, siendo el patrón de Amiens y de Navarra. Como celebridad mencionaremos al atleta Fermín Cacho.

Números: 5 + 7 = 3

Apellidos: Deben cubrir las letras 2, 3, 6, 7 y 8 ausentes, o las máximas que se pueda, siendo imprescindible cubrir el 3 (C, L, T) y el 7 (G, O, X), que son números clave.
Onomástica: 7 de julio.

FERNANDO

Etimología: Del germánico *frad* = inteligente y *nand* = valiente.
Carácter: Perspicaz, de aguda y penetrante inteligencia que desea aplicar a la reflexión, la meditación y la búsqueda de los orígenes, e incluso del más allá. Pero con facilidad de palabra y habilidad manual se abre fácilmente camino en la vida. Pero el exceso de 5 en su rejilla le hace cambiar de objetivos, profesión e incluso de amistades, perdiendo cuanto había ganado.
Historia: San Fernando III de Castilla, canonizado por Clemente X. También son conocidos Hernan Cortés, el mariscal Foch, el ingeniero Fernando de Lesseps, el político Fernando de los Ríos y el actor Fernando Fernán Gómez.
Números: 4 + 3 = 7
Apellidos. Deben cubrir los números 2, 3, 8 y 9 ausentes, o los máximos que se pueda, siendo indispensable cubrir el 3 (C, L, T), número clave. También debe procurarse que existan muy pocas letras del 5 (E, N V) para evitar que sea excesivo.
Onomástica: 30 de mayo.

FIDEL

Etimología: Del latín *fidelis* = fiel o creyente.
Carácter: Es un hipersensible con los nervios a flor de piel, y ante los reveses de la vida se encierra en sí mismo o se escapa en sueños fantasiosos gracias a su poderosa imaginación, o, cuando puede, en viajes a lugares lejanos donde volver a empezar. Idealista y amante del poder, posee un fuerte sentido social, y es cordial, caritativo y abnegado. A veces introvertido, soñador, lento y reflexivo, otras extrovertido y entusiasta, puede resultar desconcertante, pero no lo puede evitar y necesita vivir ambas facetas de su personalidad.
Historia: San Fidel de Siegmaringen, capuchino, murió mártir en su tarea evangelizadora. Como celebridad citaremos al dictador cubano Fidel Castro
Números: 5 + 4 = 9
Apellidos: Deben cubrir los números 1, 2, 6, 7 y 8 ausentes, o los máximos que se pueda.
Onomástica: 24 de abril.

FRANCISCO

Etimología: Del italiano *Francesco,* dado por Juan Bernadone de Asís a su hijo Juan por su dominio del francés.
Carácter: Fuerte, laborioso, tenaz, con una gran individualidad y sentido de la independencia, sabe mandar y dirigir. Sin embargo, la dualidad entre el 1 extrovertido, dinámico y autoritario, y el 2, pasi-

vo, reservado e introvertido, le hacen estar siempre tenso y oscilando entre las dos tendencias; y con el 8 íntimo es ausente, es un hombre expuesto a todos los extremos.

Historia: De los innumerables santos de dicho nombre, destacaremos al tan conocido San Francisco de Asís. En cuanto a celebridades son innumerables: Bacon, Sinatra, Schubert, Lisz, Mitterrand, Quevedo, Goya, Cambó, Macià, Franco y un largo etcétera.

Números: 8 + 2 = 1

Apellidos: Deben cubrir los números 4 y 8 ausentes, pero muy especialmente el 8 (H, P, Y) por ser un número clave.

Onomástica: 4 de octubre.

GABRIEL

Etimología: Del hebreo *gabri - El* = héroe de Dios.
Carácter: Fuerte, determinado, estable, metódico, bien organizado, responsable y amante de la familia, es introvertido, tranquilo, reservado, sencillo y le gusta cuidar su imagen. Trabajador y detallista, es un buen profesional inclinado hacia las actividades creativas que llega a situarse a base de tiempo y esfuerzo. Pero las pequeñas contrariedades le sacan de quicio.
Historia: San Gabriel es uno de los arcángeles bíblicos. Pero también existe un San Gabriel: San Gabriel de la Dolorosa, que murió en 1862. Son famosos d'Annunzio, Celaya, García Márquez y Cocó Chanel.
Numeros: 4 + 6 = 1
Apellidos: Deben cubrir los números 4, 6 y 8 ausentes, pero muy especialmente el 4 (D, M, U) y el 6 (F, Ñ, W), por ser números clave.
Onomástica: 29 de septiembre.

GERARDO

Etimología: Del germánico *ger - hard* = lanza dura.
Carácter: Franco, directo y valeroso, no vacila en tomar decisiones y se crece ante las dificultades. Con ambición y paciencia se realiza mediante el trabajo. En su carácter se mezclan dos tendencias, la del 4, ponderada y profunda, y la del 8, dinámica y ambiciosa, siendo por lo general esta última la que predomina, pues con su 1 excesivo su ego es muy fuerte y autoritario.
Historia: A San Gerardo, demasiado humilde y contemplativo tuvieron que forzarlo para que aceptara ser obispo. Son célebres Gerardo Nerval, Gerald Durrell y Gerard Depardieu.
Números: 4 + 4 = 8
Apellidos: Deben cubrir los números 2, 3, 6, 8 y 9 ausentes, o los máximos que se pueda, siendo indispensable cubrir el 8 (H, P, Y), por ser un número clave. También debe procurarse que existan muy pocas letras del 1 (A, J, R), para evitar que siga siendo excesivo.
Onomástica: 23 de abril.

GREGORIO

Etimología: Del griego *egregorien* = vigilante, despierto.
Carácter: Introvertido, enérgico, obstinado, algo tímido, prudente y reservado, duda mucho antes de decidirse, pero cuando lo hace no hay nada que lo detenga, siendo su mayor ambición conseguir su parcela de poder e independencia. Pero su 7 excesivo le impulsa a

aislarse, a desligarse de la gente e incluso de la realidad, existiendo el peligro de fanatismo o sectarismo.
Historia: San Gregorio Magno es el creador de lo que llamamos canto gregoriano. Son célebres Rasputín, Mendel, Marañón, Peces Barba y López Bravo.
Números: 1 + 7 = 8
Apellidos: Deben cubrir los números 2, 3, 4, 6 y 8 ausentes, o los máximos que se pueda, siendo imprescindible cubrir el 8 (H, P, Y) por ser un número clave. También es conveniente evitar que existan letras del 7 (G, O, X) para evitar que siga siendo excesivo.
Onomástica: 3 de septiembre

GUILLERMO

Etimología: Del germánico *will - helm* = voluntad de proteger.
Carácter: Muy introvertido, es un ser inquieto que se atormenta buscando respuestas a su angustia vital, lleno de dudas y vacilaciones, costándole mucho decidirse. Emotivo e hipersensible, se protege bajo una máscara de frialdad, de distanciamiento e incluso de ironía y cinismo. Es un hombre amante de la justicia que madura poco a poco, volviéndose filósofo en su madurez.
Historia: San Guillermo llegó a ser obispo de Bourges. Son célebres Apollinaire, Flaubert, Burroughs, Faulkner, Marconi, Crookes y Clinton.
Números: 7 + 9 = 7
Apellidos: Deben cubrir los números 2, 5, 6 y 8 ausentes, o los máximos que sea posible.
Onomástica: 10 de febrero.

GUSTAVO

Etimología: Del germánico *gustav* = próspero.

Carácter: Sensible, afectivo y muy dependiente de la familia, es hábil, de buenos reflejos, rápida inteligencia, buen comunicador y con sentido de la cooperación y de los negocios; sin embargo, es difícil saber si es introvertido o extrovertido, pues su 8 ausente a veces le desequilibra, y su 2 activo le inclina a la pasividad, la reflexión y la introversión, por lo que ambos aspectos pueden alterarse.

Historia: San Gustavo era paralítico y fue curado por San Martín, llegando a fundar el monasterio de Brives, en Francia. Son célebres además de los reyes de Suecia, Courbet, Moreau, Doré, Mahler, Becquer y Geley.

Números: 3 + 8 = 2

Apellidos: Deben cubrir los números 6, 8 y 9 ausentes, pero muy especialmente el 8 (H, P, Y), por ser un número clave.

Onomástica: 3 de agosto.

HÉCTOR

Etimología: Del griego *ektor* = prudente.

Carácter: Sociable, entusiasta, extrovertido y con facilidad de expresión, dulce, pacífico, sensible y humanitario, cae muy bien a la gente y no le cuesta hacer amigos. Es capaz de realizar grandes esfuerzos cuando se lo propone, mostrándose metódico, ordenado y detallista; pero como es muy nervioso, corre el riesgo de dispersarse.

Historia: Al ser un nombre mitológico y no existir ningún San Héctor, no figura en el santoral. Sin embargo, existen famosos con dicho nombre, como Héctor Berlioz y Héctor Malot.

Números: 3 + 6 = 9

Apellidos: Deben cubrir los números 2, 4, 6 y 9 ausentes, siendo imprescindible hacerlo con el 6 (F, Ñ, W) y el 9 (I, Q, Z), por ser números clave.

Onomástica: No tiene.

HILARIO

Etimología: Del latín *hilaris* = alegre.
Carácter: Viril, intuitivo y leal, acogedor y generoso, abierto y curioso, posee un carisma personal que sabe utilizar para alcanzar un nivel directivo y preponderante. Sin embargo, en lo personal es reservado y secreto. Pero su 11, número maestro, entraña sus inconvenientes, que pueden hacerle ir desde un exceso de bondad y entrega a la megalomanía. Cuando sólo responde al 2, es más sensible y humano, sus ambiciones se reducen y descarga todo su potencial en el trabajo.
Historia: San Hilario fue obispo de Poitiers en el siglo IV. No conozco celebridades con dicho nombre.
Números: 8 + 3 = 11 = 2
Apellidos: Deben cubrir los números 2, 4, 5 y 6 ausentes, o los máximos que se pueda, siendo imprescindible cubrir el 2 (B, K, S) por ser un número clave.
Onomástica: 13 de enero.

HUGO

Etimología: Del germánico *hugh* = inteligencia.
Carácter: Enérgico y obstinado, ambicioso y reservado, metódico, ordenado y detallista, es amable, simpático y diplomático cuando le conviene, pero cuando algo no le parece justo se vuelve duro y reacciona violentamente pues en el fondo es un sentimental que no tole-

ra el engaño. Cuando responde al 11 crece su ambición y puede alcanzar la notoriedad.

Historia: San Hugo fue obispo de Grenoble. Sin embargo, la mala reputación de los hugonotes (que no tienen nada que ver con Hugo) casi extinguieron este nombre, aun cuando volvió a renacer modernamente. Son célebres los escritores Hugo Wast y Hugo Foscolo, el musicólogo Hugo Reimann y el futbolista Hugo Sánchez.

Números: 11= 2 + 6 = 8

Apellidos: Deben cubrir los números 1, 2, 5, 6 y 9 ausentes, o los máximos que se pueda, siendo imprescindible cubrir el 2 (B, K, S) y el 6 (F, Ñ, W), por ser números clave.

Onomástica: 1 de abril.

IGNACIO

Etimología: Del griego *enekoos* = el que oye despierto.

Carácter: Simpático, abierto, sociable y dinámico, desea hacerlo todo y ser el mejor, curioso y amante de cambios, diversifica sus actividades y sabe adaptarse a todas las circunstancias para lograr lo que desea sin perder su independencia. Sin embargo, existe otra faceta de su carácter que lo hace ordenado y metódico, por lo que a veces empieza a hacer las cosas a conciencia, pero pronto se cansa y cambia de objetivos.

Historia: San Ignacio fue obispo de Antioquía en el siglo II. Son célebres, aparte de San Ignacio de Loyola, Paderewski, Zuloaga, Barraquer, Aldecoa, Agustí, Nacho Cano y Nacho Duato.

Números: 8 + 6 = 5

Apellidos: Deben cubrir todos o algunos de los números 2, 4, 6 y 8 ausentes, y siendo imprescindible cubrir el 6 (F. Ñ, W) y el 8 (H, P, Y), por ser números clave.

Onomástica: 31 de julio.

INDALECIO

Etimología: Del euskera *inda* = fuerza.
Carácter: Disciplinado, franco, discreto, decidido, trabajador esforzado y oportunista, siempre tenso e individualista, posee la capacidad de asumir responsabilidades de mando y dirección, a menos que su 6 ausente lo haga demasiado perfeccionista y deba esforzarse mucho antes de tomar una decisión importante. Está deseoso de realizar algo perdurable, y cuando sus realizaciones no están a la altura de sus ambiciones, reacciona con violencia.
Historia: San Indalecio fue uno de los primeros evangelizadores de España. Como célebre citaremos al político Indalecio Prieto.
Números: 4 + 6 = 1
Apellidos: Deben cubrir los números 2, 4, 6 y 8 ausentes, o por lo menos es imprescindible que lo hagan sobre el 4 (D, M, U) y el 6 (F, Ñ, W), por ser números clave.
Onomástica: 15 de mayo.

ISAAC

Etimología: Del hebreo *Izhak* = Él ríe.
Carácter: Aparentemente reservado y misterioso, lo más importante es su vida interior. Por ello, introvertido y cerebral se lo piensa mucho antes de decidirse. Pero lo que realmente desea es paz, tranquilidad y seguridad. Pero si responde al 11, le crece la ambición, por elevada que sea, y se desvive por hacerla realidad.

Historia: Además del Isaac bíblico, existen otros santos de dicho nombre, por ejemplo, San Isaac de Córdoba en el siglo IX. Son célebres Albéniz, Newton, Stern, Rabín y Peral.
Números: 11= 2 + 5 = 7
Apellidos: Deben cubrir los números 4, 5, 6, 7 y 8 ausentes, o los máximos que se pueda, siendo imprescindible cubrir por lo menos el 5 (E, N, V) y el 7 (G, O, X), por ser números clave.
Onomástica: 11 de abril.

JACINTO

Etimología: Del griego *hyacinthos* = jacinto.

Carácter: Franco, leal, trabajador, conciliador, curioso y comunicativo, siempre está dispuesto a cooperar y compartir; pero en el fondo es sensible y emotivo, por lo que se protege bajo una apariencia algo distante y reservada, especialmente en lo que concierne a su intimidad. También es ambicioso, y para triunfar se basa en su habilidad manual, facilidad de expresión y sentido de los negocios.

Historia: San Jacinto fue el fundador de la abadía de Gdansk en Polonia. Son célebres Jacinto Benavente, Jacinto Verdaguer y Jacinto Octavio Picón.

Números: 8 + 3 = 2

Apellidos: Deben cubrir los números 2, 4, 6 y 8 ausentes, o por lo menos de forma imprescindible el 2 (B, K, S) y el 8 (H, P, Y), por ser números clave.

Onomástica: 17 de agosto.

JAIME

Etimología: Del hebreo *yakob* = el segundo.
Carácter: Metódico, organizado, cuidadoso de su aspecto físico y con facilidad para asimilar ideas y experiencias, posee un gran sentido de la cooperación y los negocios. A pesar de ser muy adaptable, sabe hacer valer sus ideas con firmeza, y a pesar de su intuición, lo hace pasar todo por el tamiz de la lógica y el sentido común.
Historia: Junto con Diego y Santiago, son variantes de Jacob, del que se han independizado y al que han sustituido casi totalmente. San Jaime el Ermitaño vivió en la Palestina del siglo IV. Son muy conocidos Jaime Balmes, Jaime de Mora y Aragón, James Coburn y Jimmy Carter.
Números: $6 + 5 = 2$
Apellidos: Deben cubrir los números 2, 3, 6, 7 y 8 ausentes, o los máximos que se pueda, siendo imprescindible cubrir el 2 (B, K, S) y el 6 (F, Ñ, W), números clave.
Onomástica: 25 de julio.

JAVIER

Etimología: Del euskera *etxe-berri* = casa nueva.
Carácter: Reservado, prudente, desconfiado y algo pesimista y escéptico, es cerebral, metódico y detallista, y sólo se fía de su juicio, capacidad de trabajo, organización y disciplina. Es un hombre de principios, independiente y con una moralidad estricta. Siente

atracción por el pasado e incluso por el arte. Sin embargo, deberá luchar mucho para realizarse, pues sus números clave son ausentes. Cuando responde al 22, es capaz de realizar grandes cosas.

Historia: En realidad se refiere a San Francisco Javier, del que se ha independizado y se usa como nombre propio. Son célebres Lerroux, Montepin, Rubert de Ventós, Clemente y Arzallus.

Números: 6 + 7 = 22 = 4

Apellidos: Deben cubrir los números 2, 3, 4, 6, 7 y 8 ausentes que se pueda, siendo imprescindible cubrir por lo menos el 4 (D, M, V), 6 (F, Ñ, W) y el 7 (G, O, X) por ser sus números clave.

Onomástica: 3 de diciembre.

JERÓNIMO

Etimología: Del griego *hieros - onoma* = nombre sagrado.

Carácter: Seductor, comunicativo y comprensivo, es capaz de destacar en cualquier actividad creativa relacionada con los temas de la expresión y la comunicación. Sin embargo, el 1 con su extroversión, deseo de mandar e independencia, se opone al 2, pasivo, laborioso y dependiente. Y al ser ausente el 2, existe exceso de emotividad y falta de diplomacia. Pero cuando responde al 11, desaparece su pasividad, se dispara su ambición y entonces es capaz de grandes logros.

Historia: San Jerónimo vivió en el siglo IV, traduciendo la Biblia al latín. Son célebres el pintor Hieronimus Bosch, el filósofo Jerome Cardán y el cura Merino.

Números: 1 + (11 = 2) = 3

Apellidos: Deben cubrir los números 2, 3, 6 y 8 ausentes, e

imprescindiblentemente el 2 (B, K, S) y el 3 (C, L, T), números clave.
Onomástica: 30 de septiembre.

JESÚS

Etimología: Del hebreo *Yehoshuah* = Dios salva.
Carácter: Adaptable, elegante y con una inteligencia capaz de asimilar ideas y conceptos, e incluso sacarle provecho a las experiencias de la vida, le son vitales la libertad y la independencia, y como es muy curioso se considera capaz de hacer cuanto puedan hacer los demás e incluso mejor. Pero en su interior existe una espiritualidad e idealismo que le hacen sacrificar parte de su independencia para ayudar a los demás.
Historia: Dado el carácter sagrado del nombre, sólo se han atrevido a utilizarlo en España e Hispanoamérica. Como personajes célebres mencionaremos a Jesús Hermida, Jesús Gil y Gil y Jesús López Cobos.
Números: 9 + 5 = 5
Apellidos: Deben cubrir los números 3, 6, 7, 8 y 9 ausentes, o los máximos que se pueda, siendo imprescindible cubrir el 9 (I, Q, Z), por ser un número clave.
Onomástica: 1 de enero.

JOAQUÍN

Etimología: Del hebreo *Yehoyaqim* = Dios construye.
Carácter: Sociable, entusiasta y extrovertido, con facilidad de expresión, dulce, pacífico, sensible y humanitario, cuando se siente motivado es capaz de realizar grandes esfuerzos con orden, método y amor al detalle. Pero también es muy nervioso y a veces puede caer en un exceso de emotividad y dispersarse.
Historia. Además de San Joaquín, padre de la Virgen, existen otros santos de dicho nombre, como San Joaquín de Fiore. Son famosos Sorolla, Mir, Dicenta, Álvarez Quintero, Costa, Rodrigo y Blume.
Números: 3 + 6 = 9
Apellidos: Deben cubrir los números 2, 3, 6 y 8 ausentes, o por lo menos de forma imprescindible el 3 (C, L, T) y el 6 (F, Ñ, W), números clave.
Onomástica: 26 de julio.

JORGE

Etimología: Del griego *geo-ergon* = trabajador de la tierra.
Carácter: Es lo que se dice un hombre de mundo: simpático, entusiasta, comprensivo y encantador, pero, quizás por ello, es superficial, coqueto y narcisista. Es capaz de destacar en cualquier profesión relacionada con la expresión, la comunicación o la creación, pero como no es constante, corre el peligro de perderse por exceso de cambios. En el fondo es un idealista que desea ser útil a los demás.

Historia: San Jorge fue un soldado de Capadocia que se convirtió al cristianismo. Son innumerables los Jorges famosos; no obstante vale la pena citar a Clemenceau, Washington, Gurdieff y Pujol.
Números: 3 + 9 = 3
Apellidos: Deben cubrir los números 2, 3, 4, 6, 8 y 9 ausentes, o los máximos que se pueda, siendo imprescindible cubrir el 3 (C, L, T) y el 9 (I, Q, Z), por ser sus números clave.
Onomástica: 23 de abril.

JOSÉ

Etimología: Del hebreo *Yosephyah* = Dios añade.
Carácter: José desprende una sensación de encanto y armonía, estando siempre dispuesto a desplegar seducción y don de gentes; también es inteligente, hábil, muy curioso y buen comunicador. Pero en su trabajo es ordenado, metódico y responsable, lo cual crea una contradicción interna, pues su extroversión puede ir en detrimento de su rendimiento creándole complicaciones.
Historia: Empieza con San José, padre putativo de la Virgen, y se sigue con una multitud de otros santos. Son famosos José Iturbi, Echegaray, Pereda y Canalejas.
Números: 3 + 3 = 6
Apellidos: Deben cubrir los números 3, 4, 6, 8 y 9 ausentes, o por lo menos de forma imprescindible el 3 (C, L, T) y el 6 (F, Ñ, W), por ser sus números clave.
Onomástica: 19 de marzo.

JUAN

Etimología: Del hebreo *Yohanam* = Dios es misericordioso.
Carácter: Tranquilo, emotivo, sensible, conciliador, quizás algo flemático e influenciable, pero también dinámico y emprendedor –sin pasarse– piensa que las cosas hay que tomarlas con calma. Metódico y detallista suele ser un buen negociante y no le disgusta el trabajo en equipo, aun cuando a veces salgan a relucir sus anhelos de independencia. En el fondo es un idealista que cuando es capaz de responder al 11 adquiere ambición y carisma, pudiendo realizar grandes cosas.
Historia: Aparte de los dos Juanes bíblicos: el Bautista y el Evangelista, existen mas de 300 santos y bienaventurados. Y como célebres, además de los 23 papas, existen una infinidad, como D. Juan de Borbón, Boscán, Joanot Martorell, Maragall y Alarcón.
Números: 5 + 6 = 11 = 2
Apellidos: Deben cubrir los números 2, 3, 6, 7, 8 y 9 ausentes, o los máximos que se pueda, siendo imprescindible cubrir el 2 (B, K, S) y el 6 (F, Ñ, W), por ser números clave.
Onomástica: 24 de junio.

JULIÁN

Etimología: Del latín *Iulianus* = de la familia Julia.
Carácter: Julián es un seductor enamorado de la libertad, el cambio y la aventura. Por ello, apenas consigue lo que desea, pierda

interés y lo abandona en busca de un nuevo objetivo y sigue su eterna búsqueda. Idealista y soñador no soporta la rutina ni la soledad, pero como es emotivo y abnegado, siempre está dispuesto a echar una mano a quien la necesite.

Historia: San Julián fue obispo de Toledo en el siglo III. Son célebres Julien Green, Julián Gayarre y Julián Besteiro.

Números: 5 + 9 = 5

Apellidos: Deben cubrir los números 2, 6, 7 y 8 ausentes, o los máximos que se pueda.

Onomástica: 8 de marzo.

JULIO

Etimología: Del legendario *Iulius*, hijo de Eneas.

Carácter: Serio, metódico, ordenado, responsable y con gran capacidad de trabajo, suele triunfar en la vida a base de duro esfuerzo. Es como una hormiguita que va llenando su granero lentamente. Sus mayores necesidades se centran en la paz y la tranquilidad.

Historia: El Papa San Julio I, en el siglo IV. Son célebres además de los miembros de la familia romana Julia que empieza con Julio César, Mazarino, Michelet, Verne, Masenet, Álvarez del Vayo, Caro Baroja y Julio Iglesias.

Números: 2 + 4 = 6

Apellidos: Deben cubrir los números 2, 5, 6 y 8 ausentes, o por lo menos, imprescindiblemente, el 2 (B, K, S) y el 6 (F, Ñ, W), números clave.

Onomástica: 12 de abril.

JUSTO

Etimología: Del latín *iustus* = justo, íntegro.

Carácter: Cuando responde a la influencia de su 11 íntimo, es fuerte, viril, enérgico, obstinado, ambicioso, reservado y con un fuerte magnetismo. Metódico, ordenado y estricto, para él todo es blanco o negro, sin medias tintas. Al ser perfeccionista y susceptible, toda su capacidad la emplea en realizaciones concretas, pero no desdeña trabajar en equipo. Cuando se limita al 2, sus ambiciones y magnetismo son mucho menores, conformándose con una posición sólida y estable.

Historia: San Justo fue el primer obispo de Urgel. Son célebres Saint-Just y fray Justo Pérez de Urbel.

Números: 11= 2 + 6 = 8

Apellidos: Deben cubrir los números 5, 6, 8 y 9 ausentes, o por lo menos de forma imprescindible el 6 (F, Ñ, W) y el 8 (H, P, Y), por ser números clave.

Onomástica: 2 de junio.

LAUREANO

Etimología: Del latín *laureatus* = coronado de laurel.

Carácter: Con sus tres 9 es un ser excesivo y temperamental que pasa de uno a otro extremo sin términos medios. Emotivo y abnegado, se interesa con cuanto sea humanitario, y posee una religiosidad innata que puede inclinarlo hacia los temas esotéricos. Pero siempre con grandes conflictos internos, pues el 9 no figura en su rejilla, y el 1 excesivo lo hace impulsivo, por lo que a veces su autoritarismo desmerece sus buenas acciones.

Historia: San Laureano fue arzobispo de Sevilla. Como conocido tenemos a Laureano López Rodó, ministro franquista.

Números: 9 + 9 = 9

Apellidos: Deben cubrir los números 2, 6, 8 y 9 ausentes, o los máximos que se pueda, siendo totalmente imprescindible cubrir el 9 (I, Q, Z) su número tres veces clave.

Onomástica: 4 de julio.

LEÓN

Etimología: Del latín *leo* = león.
Carácter: Sensible y muy dependiente de su entorno, conciliador, hábil, inteligente, imaginativo y amante de hacer amistades. Posee el sentido de los negocios, en los que no duda en asociarse cuando es necesario. Su mayor inconveniente es que el 2 y el 8 son ausentes y el 5 excesivo, lo que incrementa su emotividad, puede desestabilizarle y conducirle a cambios inesperados.
Historia: El Papa León I salvó dos veces a Roma del ataque de los bárbaros. Además de los papas de dicho nombre (13) son famosos Tostoy, Daudet, Blum, Trostki y Delibes.
Números: 3 + 8 = 2
Apellidos: Deben cubrir los números 1, 2, 4, 6, 8 y 9 ausentes, o los máximos que se pueda, siendo imprescindible cubrir el 2 (B, K, S) y el 8 (H, P, Y), números clave.
Onomástica: 30 de junio.

LEONARDO

Etimología: Del latín *leo* = león, al que se ha añadido el sufijo germánico *hard* = fuerte.
Carácter: Ordenado, metódico y responsable, y además con una gran capacidad de trabajo, suele triunfar en la vida, aunque le cueste esfuerzo y paciencia, y como sabe que el tiempo trabaja a su favor, nunca se apresura. Sus mayores necesidades se centran

en conseguir la paz y la tranquilidad, especialmente la de carácter emocional.

Historia: San Leonardo fue un ermitaño del siglo VI. Además de Leonardo da Vinci, han sido famosos Leonardo de Pisa, Leonardo Torres Quevedo, Leonard Cohen, Leonard Bernstein y L. Euler.

Números: 2 + 4 = 6

Apellidos: Deben cubrir los números 2, 6, 8 y 9 ausentes, o por lo menos de forma imprescindible el 2 (B, K, S) y el 6 (F, Ñ, W), números clave.

Onomástica: 6 de noviembre.

LEOPOLDO

Etimología: Del germánico *leud-bald* = pueblo valiente.

Carácter: Enérgico, viril, valiente, combativo, imaginativo, rápido y obstinado, sueña con mandar y dirigir, pues su fin primordial es el poder y la riqueza, y para conseguirlos sabe esperar la ocasión y actuar con sorprendente eficacia. En realidad es concreto, práctico, reservado y deseoso de ser útil, ya sea social o humanitariamente, Pero con tres 7 en su rejilla, cuando las cosas no salen como espera, tiende a aislarse o volverse sectario.

Historia: San Leopoldo es el patrón de Austria. Son célebres el senegalés Leopold Sedar Sanghor, el escritor Leopoldo Alas, el general Leopoldo O'Donell y el político Leopoldo Calvo Sotelo.

Números: 8 + 9 = 8

Apellidos: Deben cubrir los números 1, 2, 6 y 9 ausentes, o los máximos que se pueda, siendo imprescindible cubrir el 9 (I, Q, Z), que es el número clave. También debe procurarse que existan el

mínimo posible de letras del 7 (G, O, X), para evitar que siga siendo excesivo.
Onomástica: 15 de noviembre.

LORENZO

Etimología: Del latín *laurentius* = de la ciudad de Laurentum.
Carácter: Es un hombre con una fuerte personalidad, estricto, autoritario y dominador, pero en el fondo es emotivo, generoso, sensible y con un fondo de religiosidad innata que hace que se sienta realizado cuando puede ser útil social o humanitariamente. Sin embargo, es muy independiente y oportunista, por lo que no es extraño verle ocupando cargos directivos.
Historia: San Lorenzo fue asado vivo en una parrilla. Son famosos Lorenzo de Médicis, Lawrence Durrell, Lawrence de Arabia y Lauren Postigo.
Números: 1 + 9 = 1
Apellidos: Deben cubrir los números 2, 4, 6 y 8 ausentes, o los máximos que se pueda, siendo también conveniente que no existan –o muy pocas– letras del 5 (E, N, V), para evitar que sea un número excesivo.
Onomástica: 10 de agosto.

LUCAS

Etimología: Del latín *lucius* = luminoso.
Carácter: Es un idealista que sueña con ser independiente, con grandes proyectos y quiere hacerlo todo mejor que nadie. Para ello cuenta con su sentido del orden, de la organización, de la constancia y del sentido del detalle. Sin embargo, también le gusta la variación y el cambio, pero siempre dentro de un orden, pues de lo contrario, y a pesar de su capacidad para asimilar ideas y experiencias, se sentiría perdido.
Historia: San Lucas era un médico pagano convertido por San Pablo. Como celebridades citaremos a los pintores Luca Signorelli, Luca Giordano y Luc Merson y al monje Lucas de Achety.
Números: 5 + 8 = 4
Apellidos: Deben cubrir los números 5, 6, 7, 8 y 9 ausentes, o los máximos que se pueda, siendo imprescindible cubrir el 5 (E, N, V) y el 8 (H, P, Y), números clave.
Onomástica: 18 de octubre.

LUIS

Etimología: Del germánico *hlot-wing* = combate glorioso, que derivó primero en *Clodovicus*, posteriormente en *Ludovicus* y finalmente en Luis.
Carácter: Tierno, cálido y sentimental, es nervioso, inquieto y cerebral; su gran imaginación y capacidad de asimilar ideas y expe-

riencias le permite triunfar en la vida. Pero se encuentra dividido entre su necesidad de orden y seguridad y la de cambio y fantasía, aun cuando termine por dominar el deseo de estabilidad. Hipersensible, se interesa por las cuestiones sociales y humanitarias, e incluso por el mundo de lo oculto.

Historia: San Luis IX, el más santo de los reyes de Francia, murió de la peste durante la segunda cruzada. Además de los numerosos reyes y emperadores de dicho nombre, hay que hacer constar a Pasteur, Braille, Beethoven, Carroll, Pauvells, Lumière, Pirandello, Companys, Llach.

Números: 4 + 5 = 9

Apellidos: Deben cubrir los números 1, 5, 6, 7 y 8 ausentes, o los máximos que se pueda, siendo imprescindible cubrir el 5 (E, N, V), por ser un número clave.

Onomástica: 21 de junio.

MANUEL

Etimología: Del hebreo *emmanu* = Dios está con nosotros.

Carácter: Independiente, seguro de sí mismo y original, la mezcla del 4 activo y el 3 de realización lo impulsan a buscar la facilidad y el placer, pero sin olvidar el trabajo bien hecho. Por ello necesita hallar una profesión que le llene, que más que un trabajo sea un placer. Cuando responde al 22, todo esto queda magnificado, y sin dejar de gozar de la vida, sus metas son más elevadas, deseando realizar cosas sólidas y con futuro.

Historia: San Manuel fue obispo de Andrinópolis y murió mártir en el siglo IX. Son Manueles famosos: Azaña, Durán i Bas, Fraga, Milà i Fontanals, Falla y Pedrolo.

Números: $1 + 3 = 22 = 4$

Apellidos: Deben cubrir los números 2, 6, 7, 8 y 9 ausentes, o los máximos que se pueda.

Onomástica: 1 de enero.

MARCELINO

Etimología: Del latín *Marcellinus* = de la familia de Marcelo.
Carácter: Tímido, introvertido y reservado, es muy elitista en la elección de sus amistades. Es amante de la tranquilidad y lo natural, detestando lo sofisticado y mundano, es muy prudente, y si no puede controlar una situación se adapta a la misma, pues desea una vida tranquila y estable aunque sea monótona. Si es capaz de responder a sus dos números maestros 11 y 22, adquiere carisma y fuerza interior, y con su intuición e inspiración será capaz de realizar grandes cosas.
Historia: San Marcelino fue un exorcista al que hizo decapitar el emperador Diocleciano. Son famosos Marcelino Menéndez Pelayo, Marcelino Domingo y Marcelino Camacho.
Números: (22= 4) + 7 = 11 = 2
Apellidos: Deben cubrir los números 2, 6 y 8 ausentes, o por lo menos, de forma imprescindible, el 2 (B, K, S), por ser un número clave.
Onomástica: 6 de abril.

MARCELO

Etimología: Del latín *Marcellus*, diminutivo de *Marcus* = Marco.
Carácter: Ordenado y metódico, responsable, laborioso y detallista, le gusta trabajar en equipo, hacer amistades y gozar de su compañía. Sus mejores cualidades son la paciencia y la perseverancia, y

con el tiempo triunfará en la vida. Pero cuando es capaz de responder al 11, su ambición se dispara, pero no se apresura, lo que hace es ampliar sus metas y gozar de mayores oportunidades.

Historia: San Marcelo fue papa en el siglo IV. Son Marcelos famosos Proust, Aymè, Pagnol, Cerdán y Mastroianni.

Números: $4 + (11= 2) = 6$

Apellidos: Deben cubrir los números 2, 6, 8 y 9 ausentes, o por lo menos de forma imprescindible el 2 (B, K, S) y el 6 (F, Ñ, W), por ser números clave.

Onomástica: 16 de enero.

MARCOS

Etimología: Del griego *martikos* = consagrado a Marte, latinizado en *Marcus*.

Carácter: Fuerte, reservado, independiente y dinámico, pragmático y con los pies bien asentados en el suelo, su interés primordial se centra en sí mismo y en su bienestar material. Pero también posee una faceta que le impulsa a ser compasivo, abnegado, altruista y deseoso de tomar parte en actos de tipo humanitario. Pero por encima de todo, sobresale su fuerte personalidad y sentido práctico.

Historia: San Marcos fue uno de los cuatro evangelistas. Son famosos Marco Polo, Mark Twain, Marc Chagall, y Marc Eyskens.

Números: $8 + 1 = 9$

Apellidos: Deben cubrir los números 5, 6, 8 y 9 ausentes, o por lo menos, de forma imprescindible, el 8 (H, P, Y) y el 9 (I, Q, Z), números clave.

Onomástica: 25 de abril.

MARIANO

Etimología: Del latín *Marianus* = de María.
Carácter: Es voluntarioso, disciplinado, ambicioso, autoritario, lleno de vitalidad y un tanto aristocrático. Por lo general es sociable, comunicativo, generoso e idealista, gustándole militar en asociaciones o movimientos de carácter social, humanitario o benéfico. Sin embargo, con un 1 excesivo puede volverse orgulloso, egocéntrico y autoritario.
Historia: Al ser el femenino de Mariana, se desarrolla bajo su sombra, sin embargo, podemos citar como Marianos célebres a Fortuny, Benlliure, Cañardo y Larra.
Números: 9 + 1 = 1
Apellidos: Deben cubrir los números 2, 3, 6 y 8 ausentes, o los máximos que se pueda. También es imprescindible que existan muy pocas letras –o ninguna– del 1 (A, J, R), para evitar que siga siendo excesivo.
Onomástica: 19 de agosto.

MARIO

Etimología: Del hebreo *mar -yam* = gota del mar.
Carácter: Bajo su aspecto brusco y autoritario se esconde una gran sensibilidad. Necesita acción, movimiento y cambio, pero también es reflexivo, moderado, organizado y con ganas de triunfar, para lo que cuenta con su inteligencia y facilidad de asimilación. Con tan

opuestas tendencias, puede estallar en el momento más inesperado, o tras mucho economizar pacientemente gasta de golpe todo lo ganado. Si es capaz de responder a la influencia del 22, sus ambiciones se incrementan y lo estabilizan a costa de una gran tensión nerviosa, siendo capaz de grandes realizaciones.

Historia: San Mario, oriundo de Persia, murió mártir el año 270. Son famosos el escritor Mario Vargas Llosa, el político Mario Soares, el actor Mario Moreno «Cantinflas», el polifacético Mario Cabré y Mario Conde.

Números: $8 + 5 = 22 = 4$

Apellidos: Deben cubrir los números 2, 3, 5, 6 y 8 ausentes, siendo imprescindible hacerlo con el 5 (E, N, V) y el 8 (H, P, Y), por ser números clave.

Onomástica: 19 de enero.

MARTÍN

Etimología: Del latín *martinus* = pequeño Marte.

Carácter: Es viril, activo y emprendedor, deseoso de hacerlo todo y ser el mejor; no obstante, desconfiado e inquieto le cuesta conceder su amistad, pero cuando lo hace es un amigo sincero con quien se puede contar. Para él lo más importante es su libertad, y por ser muy curioso necesita cambiar y viajar, conocer nuevas gentes y nuevos paisajes.

Historia: San Martín murió en 397, siendo el primer no mártir que fue santificado. Son famosos Martin Lutero, Martin Luther King y Martín Heidegger.

Números: $1 + 4 = 5$

Apellidos: Deben cubrir los números 2, 6, 7 y 8 ausentes, o los máximos que se pueda.
Onomástica: 11 de noviembre.

MATEO

Etimología: Es la forma latinizada de Matías.
Carácter: Es un hombre introvertido, tímido y reservado al que le cuesta hacer amistades y cree que más vale estar solo que mal acompañado. Cerebral, pragmático y racional necesita estar muy seguro antes de emprender algo y tiende ante todo a protegerse y evitar problemas y busca la tranquilidad, la simplicidad y lo natural.
Historia: El apóstol San Mateo es el autor del primer evangelio. Son conocidos el escritor Mateo Alemán, el psicólogo Matthew Mannig y el nadador Matt Biondi.
Números: 4 + 7 = 2
Apellidos: Deben cubrir los números 2, 6, 8 y 9 ausentes, o los máximos que se pueda, siendo imprescindible cubrir el 2 (B, K, S) por ser un numero clave.
Onomástica: 21 de septiembre.

MATÍAS

Etimología: Del hebreo *matti-yah* = don de Dios.
Carácter: En Matías domina el sentido del amor, del matrimonio, de la cooperación y de las asociaciones. En realidad cuando se siente más realizado es ejecutando tareas que puedan redundar en beneficio de los demás, pues es muy altruista. Cuando es capaz de responder a la influencia del 11, se acrecienta su ambición y deseo de llevar a la práctica sus ideales.
Historia: San Matías fue uno de los más fieles discípulos de Jesús, y uno de los que asistió a su resurrección. Son famosos Matías I Corvino, rey de Hungría, el pintor gótico Matthias Grünewald y el locutor Matías Prats.
Números: $11 = 2 + 9 = 2$
Apellidos: Deben cubrir los números 5, 6, 7 y 8 ausentes, o los máximos que se pueda.
Onomástica: 14 de mayo

MAURICIO

Etimología: Del latín *Mauritius* = de la familia de Mauro.
Carácter: Es sensible y muy dependiente del ambiente familiar, afectivo o amical. A pesar de ser hábil y con excelentes reflejos, rápida inteligencia y buen comunicador, su 8 ausente le desequilibra y su 2 activo le inclina a la pasividad y la reflexión, por lo que ambos aspectos de su personalidad pueden alternarse o hacer que se

quede bloqueado. Cuando es capaz de responder a la influencia del 11 activo, se despertará su intuición, se hará más altruista e inspirado, pudiendo llegar a ser un gran hombre.

Historia: San Mauricio, jefe de la legión tebana, fue masacrado al negarse a perseguir a los cristianos. Como celebridades podemos citar a Maeterlink, Ravel, Barrès, Chevalier, Utrillo, y Dekobra.

Números: 3 + 8 = 11 = 2

Apellidos: Deben cubrir los números 2, 5, 6 y 8 ausentes, o por lo menos, de forma imprescindible, el 2 (B, K, S) y el 8 (H, P, Y), por ser números clave.

Onomástica: 22 de septiembre.

MÁXIMO

Etimología: Del latín *maximus* = el más grande.

Carácter: Abierto, simpático, sociable, activo, muy curioso y extrovertido, gusta cambiar a menudo de actividad, pues adora la libertad, los cambios y los viajes, y al ser rápido y adaptable, pero a la vez ordenado y metódico, se desenvuelve en cualquier lugar o trabajo. Su inconveniente, con su 8 ausente, es la facilidad con que pierde interés en lo que está haciendo para iniciar algo nuevo, perdiendo muchas oportunidades y dispersándose inútilmente.

Historia: San Máximo, el confesor, era el primer secretario de Heraclio, pero lo abandonó todo para entrar en el monasterio de Chtysopolis. Son famosos Máximo Gorki, Euwe, Linder, M. Jacob y Ernst.

Números: 8 + 6 = 5

Apellidos: Deben cubrir los números 2, 3, 5, 6 y 8 ausentes, o por

lo menos, de forma imprescindible, el 5 (E, N, V), el 6 (F, Ñ, W) y el 8 (H, P, Y), por ser sus números clave.
Onomástica: 14 de abril.

MIGUEL

Etimología: Del hebreo *mikha-El* = Dios es justo.
Carácter: Para Miguel libertad e independencia son algo sagrado. Adaptable, elegante, curioso e inteligente, es capaz de asimilar conocimientos y experiencias y hacer cuanto puedan hacer los demás. Pero debe dominar su tendencia al cambio y la versatilidad que pueden echar a perder sus mejores cualidades. En su interior late un fondo de espiritualidad e idealismo que le hace sacrificar parte de su independencia cuando es necesario ayudar a los demás.
Historia: El Arcángel San Miguel es el jefe de los ejércitos celestes. Aparte de la realeza, han llevado su nombre Miguel Ángel, Fleta, Cervantes, Maura, Primo de Rivera, Delibes, Boyer, Coll i Alentorn, Roca, Bosé, Indurain, etc.
Números: 9 + 5 = 5
Apellidos: Deben cubrir los números 1, 2, 6 y 8 ausentes, o los máximos que se pueda.
Onomástica: 29 de septiembre.

NARCISO

Etimología: Del griego *narkissos* = narciso.

Carácter: Su 1 activo lo hace independiente, activo, autoritario, oportunista y extrovertido, mientras que su 2 de realización lo hace trabajador, tenaz, estable, dependiente e introvertido, por lo que su vida será un continuo alternar de ambas tendencias. Pero además, su 8 íntimo lo hace reservado y con deseos de triunfar en el mundo material, lo cual le será muy difícil al ser un número ausente. Pero si reacciona al 11, sus problemas desaparecerán, se incrementará su ambición y será capaz de realizaciones importantes.

Historia: San Narciso es el patrón de Gerona. Son famosos Narcis Monturiol, Narciso Yepes, Narcís Oller, Narcís Serra y Narciso Ibañez Serrador.

Números: 8 + (11=2) = 1

Apellidos: Deben cubrir los números 4, 6 y 8 ausentes, o por lo menos, de forma imprescindible, el 8 (H, P, Y) por ser un número clave.

Onomástica: 29 de octubre.

NICOLÁS

Etimología: Del griego *nike* = victoria y *laos* = pueblo.

Carácter: Es muy adaptable, de rápida comprensión, buen humor y don de gentes al que le gusta dialogar y discutir; sabe ser persuasivo e ingenioso, pero es muy reservado en lo que se refiere a su vida privada. Buen trabajador, hábil y paciente, puede destacar en cualquier actividad creativa.

Historia: San Nicolás de Bari murió en prisión bajo el reinado de Diocleciano. Son célebres Flamel, Copérnico, Gogol, Maquiavelo y Lenín.

Números: 8 + 4 = 3

Apellidos: Deben cubrir los números 4, 6 y 8 ausentes, o por lo menos, de forma imprescindible, el 4 (D, M, U) y el 8 (H, P, Y), por ser números clave.

Onomástica: 6 de diciembre

OCTAVIO

Etimología: Dl latín *octavus* = octavo.

Carácter: Directo, franco y honesto, pero brusco, autoritario e intransigente, sigue tranquilamente su camino gracias a su voluntad y capacidad de trabajo. Para él, una palabra vale más que un contrato escrito. Pero al ser ausentes sus números clave, deberá superar muchas dificultades y obstáculos en su vida. Cuando es capaz de responder al 11 desaparecerán muchas de sus dificultades y adquirirá mayor ambición y carisma.

Historia: San Octavio fue un soldado romano martirizado en el siglo III. Son célebres Octavio Mirbeau, Octavio Picón y Octavio Paz.

Números: 6 + (11=2) = 8

Apellidos: Deben cubrir los números 2, 4, 6 y 8 ausentes, o por lo menos, de forma imprescindible, el 2 (B, K, S), el 6 (F, Ñ, W) y el 8 (H, P, Y), por ser sus números clave.

Onomástica: 20 de noviembre.

OLIVERIO

Etimología: Del latín *oliva* = aceituna.
Carácter: Estricto y autoritario, en el fondo es tierno, emotivo, generoso, sensible y con un fondo de religiosidad y misticismo que hace que sólo se sienta realizado siendo útil. Sin embargo, es muy independiente y oportunista. Al ser autoritario y dominante, no es raro verle ocupando cargos directivos.
Historia: San Oliverio llegó a ser primado de Irlanda, siendo ejecutado en 1681. Son famosos Oliverio Cronwell, Oliver Messiaen y Oliver Hardy.
Números: 1 + 9 = 1
Apellidos: Deben cubrir los números 2, 4, 6 y 8 ausentes, o los máximos que se pueda.
Onomástica: 12 de julio.

ONÉSIMO

Etimología: Del griego *onesimos* = útil
Carácter: Exteriormente frío y altanero, y si se muestra distante es para que no se note que en el fondo es pudoroso, reservado, inquieto, desconfiado y tímido. Pero cuando está seguro de quien tiene delante se muestra sociable y agradable. Voluntarioso, activo, racional, organizado, lógico y ambicioso, posee gran capacidad de trabajo, que realiza sin apresurarse nunca.
Historia: San Onésimo era un esclavo que se convirtió en discípu-

lo de San Pablo. Como célebres citaremos al geógrafo Onésimo Reclus y al político Onésimo Redondo.

Números: 1 + 3 = 4

Apellidos: Deben cubrir los números 1, 3, 6 y 8 ausentes, o por lo menos imprescindiblemente el 1 (A, J, R) y el 3 (C, L, T), por ser números clave.

ORIOL

Etimología: Del latín *aureus* = de oro, dorado.

Carácter: Es un hipersensible con los nervios a flor de piel, y cuando parece tranquilo y calmado sólo lo es en apariencia; ante los reveses de la vida se encierra en sí mismo o se escapa en sueños fantasiosos o huye a nuevos lugares donde volver a empezar. Unas veces extrovertido, entusiasta y emprendedor, otras introvertido y soñador, lento y reflexivo, resulta desconcertante, pero no lo pude evitar.

Historia: Es un nombre que proviene del apellido de San José Oriol, que se ha independizado. Es célebre el arquitecto Oriol Bohigas.

Números: 5 + 4 = 9

Apellidos: Deben cubrir los números 2, 4, 5, 6 y 8 ausentes, o los máximos que se pueda, siendo imprescindible cubrir el 4 (D, M, U) y el 5 (E, N, V), por ser números clave.

Onomástica: 23 de marzo.

ÓSCAR

Etimología: Del germánico *ans-gari* = lanza divina.
Carácter: Abierto, simpático, sociable y activo, curioso y extrovertido, adora la libertad, los cambios y los viajes, y como es rápido, adaptable, ordenado y metódico, se desenvuelve bien en cualquier lugar o trabajo. Su mayor inconveniente, con sus números clave ausentes, es el peligro de dispersarse inútilmente, sin resultar nada sólido.
Historia: En el siglo IX San Anscario adaptó su nombre en la forma de Óscar, que es como se ha conservado. Como celebridades citaremos al arquitecto Óscar Niemeyer, el escritor Óscar Wilde, el político Óscar Alzaga y el dibujante Óscar.
Números: 8 + 6 = 5
Apellidos: Deben cubrir los números 4, 5, 6, 8 y 9 ausentes, o por lo menos, de forma imprescindible, el 5 (E, N, V), el 6 (F, Ñ, W) y el 8 (H, P, Y) por ser sus números clave.
Onomástica: 3 de febrero.

PABLO

Etimología: Del latín *paulus* = pequeño.

Carácter: Es muy adaptable, alegre, con don de gentes y rápida comprensión, por lo que le gusta dialogar y conversar, siendo persuasivo e ingenioso; pero en cambio es muy reservado en lo que se refiera a su persona e intimidades. Muy trabajador, hábil y paciente, puede destacar en cualquier actividad creativa, ya sea en el arte, la artesanía o la escritura.

Historia: Desde el San Pablo bíblico, han existido infinidad de santos e infinidad de celebridades, entre las cuales se encuentran Gauguin, Cezanne, Verlaine, Valery, Casals, Neruda, Picasso y McCartney.

Números: 8 + 4 = 3

Apellidos: Deben cubrir los números 4, 5, 6 y 9 ausentes, o los máximos que se pueda.

Onomástica: 29 de junio.

PASCUAL

Etimología: Del griego *paschalis* = de la pascua.
Carácter: Es hombre de principios, independiente, autoritario, reservado, prudente, desconfiado, e incluso algo pesimista, escéptico y de una moralidad muy estricta. Intelectual, metódico y detallista sólo se fía de su propio juicio, capacidad de trabajo y disciplina. También siente inclinación por el pasado, la historia e incluso el arte. Pero con sus tres números clave ausentes, le costará mucho abrirse camino en la vida. Sin embargo, cuando responde al 22, quizás su vida siga siendo difícil, pero conseguirá realizaciones perdurables.
Historia: San Pascual I fue papa en el siglo IX. Como célebres citaremos a los políticos Pascual Madoz y Pascual Maragall y al almirante Pascual Cervera.
Números: 6 + 7 = 22 = 4
Apellidos: Deben cubrir los números 5, 6, 7 y 9 ausentes, o por lo menos, de forma imprescindible, el 6 (F, Ñ, W) y el 7 (G, O, X), por ser números clave.
Onomástica: 17 de mayo.

PATRICIO

Etimología: Del latín *patricius* = noble.
Carácter: Abierto, simpático, sociable, activo y dinámico, deseando hacerlo todo y ser el mejor, es también curioso y amante de los

cambios, diversificando sus actividades y adaptándose a las circunstancias para preservar su libertad e independencia. Por otro lado, es ordenado, metódico y detallista. A causa de esta duplicidad interna, no es raro que empezando las cosas a conciencia, se canse con facilidad y cambie de objetivos.

Historia: San Patricio fue el evangelizador de Irlanda, donde se le considera como su santo patrón. Son célebres el escritor y político Patricio de la Escosura y el también escritor Patrick Cauvin.

Números: 8 + 6 = 5

Apellidos: Deben cubrir los números 2, 4, 5 y 6 ausentes, o por lo menos es imprescindible que lo hagan sobre el 5 (E, N, V) y el 6 (F, Ñ, W), por ser números clave.

Onomástica: 17 de marzo.

PEDRO

Etimología: Del arameo *Kepha*s, latinizado como *petrus* = piedra.

Carácter: Bajo una apariencia tranquila y sosegada, se esconde un hombre cerebral, muy nervioso, curioso, crítico, analítico y algo escéptico. Pero la contradicción entre el 3 y el 4 hace que mientras interiormente desea ver, conocer y moverse, exteriormente deba esforzarse y trabajar pacientemente; a todo ello colabora el 7, que lo hace más introvertido e indeciso.

Historia: Simón bar Iona fue llamado Kephas por Jesús y se convirtió en la piedra angular de la cristiandad. Son famosos: Ronsard, Corneille, Benoit, Curie, Rubens, Tchaikovsky, Theilhard de Chardin, Arrupe, Bosch i Gimpera, Calders, Almodóvar y Carrasco.

Apellidos: Deben cubrir los números 2, 3, 6 y 9 ausentes, o los máximos que se pueda, siendo imprescindible cubrir el 3 (C, L, T) por ser un número clave.
Onomástica: 29 de junio.

PLÁCIDO

Etimología: Del latín *placidus* = tranquilo.
Carácter: Enérgico, viril, combativo y obstinado, pero siempre elegante y distinguido, sueña con mandar y dirigir, lograr poder y riqueza, pues no soporta la supeditación. De hecho, es práctico, poco intelectual, reservado y deseando ser útil. Muy estricto, leal y franco, no tolera ni el disimulo ni la falsedad.
Historia: San Plácido fue un monje benedictino asesinado por los bárbaros. Como celebridad citaremos a Plácido Domingo.
Números: 8 + 9 = 8
Apellidos: Deben cubrir los números 2, 5 y 6 ausentes, o los máximos que se pueda.
Onomástica: 5 de octubre.

PRÓSPERO

Etimología: Del latín *prosperus* = próspero, floreciente.
Carácter: Seductor, agradable, abierto, comunicativo y comprensivo. Aun cuando tímido y discreto, está dividido entre su interés

hacia los demás y su deseo de ocupar un lugar privilegiado, de que se reconozca su valor, pues es capaz de destacar en cualquier actividad creativa o relacionada con la expresión o la comunicación. Al mismo tiempo que es capaz de trabajar paciente y tenaz, también puede mostrarse impaciente e impulsivo.

Historia: San Próspero era un laico casado que tomo partido por San Agustín. Como celebridad citaremos al escritor Próspero Merimee.

Números: $1 + 2 = 3$

Apellidos: Deben cubrir los números 3, 4, 6 y 9 ausentes; siendo imprescindible hacerlo sobre el 3 (C, L, T) por ser un número clave.

Onomástica: 25 de junio.

PRUDENCIO

Etimología: Del latín *prudens* = prudente.

Carácter: Sociable y abierto, es muy hábil en dejarse llevar por la corriente y preservar su independencia. Posee una fuerte personalidad, es un buen comunicador y muy capaz de asumir responsabilidades de mando, en las que hace gala de ser justo y respetuoso con los derechos de los demás. Pero ante todo es muy prudente y busca la calma y la tranquilidad, el estudio, la reflexión y la meditación.

Historia: San Prudencio fue obispo de Troyes en el siglo IX. Como celebridad citaremos al escritor Prudenci Bartrana.

Números: $7 + 3 = 1$

Apellidos: A ser posible deben cubrir los números 2 y 6 ausentes.

Onomástica: 28 de abril.

RAFAEL

Etimología: Del hebreo *repha 'El* = Dios ha curado.

Carácter: Activo, emprendedor, voluntarioso y oportunista, ha nacido para mandar y dirigir, y no soporta cargos subalternos como no sea para ascender o independizarse. Con un 1 excesivo es impaciente, irritable e intolerante, y si sufre un fracaso le cuesta recuperarse. Es reflexivo y reservado, y antes de emprender algo se lo piensa mucho. Esta combinación de reflexión y capacidad de mando le proporciona buenos resultados. Sin embargo, también siente la necesidad de una evolución interior.

Historia: Es el arcángel bíblico que cura la ceguera del anciano Tobías. Como celebridades citaremos a Rafael Sanzio, Rafael de Casanova, Rafael Alberti y Rafael Martos.

Números: 7 + 1 = 8

Apellidos: Deben cubrir los números 2, 4, 7 8 y 9 ausentes, o los máximos que se puedan, siendo imprescindible cubrir el 7 (G, O, X) y el 8 (H, P, Y), por ser números clave. También es conveniente que existan pocas letras del 1 (A, J, R), para evitar que siga siendo excesivo.

Onomástica: 29 de septiembre.

RAMÓN

Etimología: Del germánico *ragin* = consejo y *mund* = protector.
Carácter: Fuerte, reservado, independiente, activo, trabajador y con los pies bien asentados en el suelo, su interés primordial se centra en él mismo y en su bienestar material. Pero su 9 activo le impulsa a ser compasivo y abnegado, pero que nadie se engañe, pues en la más humanitaria de sus actividades, seguirá siendo él mismo, con su personalidad y espíritu práctico.
Historia: Se dice que San Ramón nonato se llama así porque nació gracias a una cesárea. Como celebridades citaremos a Llull, Campoamor, Casas, Menéndez Pidal, Poincaré, Paniker, y Ray Charles.
Números: 8 + 1 = 9
Apellidos: Deben cubrir los números 2, 3, 6, 8 y 9, o los máximos que se puedan, siendo imprescindible cubrir el 8 (H, P, Y) y el 9 (I, Q, Z), por ser números clave.
Onomástica: 31 de agosto.

RAÚL

Etimología: Del germánico *rad* = consejo y *wolf* = lobo.
Carácter: Es un hipersensible con los nervios siempre a flor de piel que ante los reveses de la vida se encierra en sí mismo, se evade en sueños fantasiosos o marchando a nuevos lugares donde volver a empezar. Idealista y amante del poder, sabe mostrarse cordial, abne-

gado y caritativo. Unas veces introvertido, soñador y reflexivo, y otras extrovertido, entusiasta y emprendedor, necesita vivir ambas facetas, aunque resulte desconcertante.
Historia: San Raúl fue el patriarca de Aquitania. Son célebres el pintor Raúl Dufy, el director Raoul Walsh y el humorista Raúl Sender.
Números: 5 + 4 = 9
Apellidos: Deben cubrir los números 2, 5, 6, 7, 8 y 9 ausentes, o los máximos que se pueda, siendo imprescindible cubrir el 5 (E, N, V) y el 9 (I, Q, Z), números clave.
Onomástica: 30 de diciembre.

RICARDO

Etimología: Del germánico *rik-hard* = rey fuerte.
Carácter: Enérgico, viril, combativo y obstinado, pero siempre elegante y distinguido, no soporta la supeditación. De hecho, es concreto, práctico, poco intelectual, reservado y deseando ser útil, ya sea en la política, la mística, el deporte o el arte. Muy estricto y leal no tolera ni el disimulo ni la falsedad, y si algún defecto tiene es el egocentrismo y el autoritarismo.
Historia: San Ricardo fue el obispo de Worcester que se enfrentó a Enrique III en defensa de la Iglesia. Son célebres Wagner, Strauss, Wright, Opisso, Nixon, Gere y Burton.
Números: 8 + 9 = 8
Apellidos: Deben cubrir los números 2, 5, 6 y 8 ausentes, o los máximos que se pueda, siendo imprescindible cubrir el 8 (H, P, Y) por ser un número clave. También debe procurarse que existan

muy pocas, o ninguna, letras del 1 (A, J, R), para evitar que sea excesivo.
Onomástica: 3 de abril

ROBERTO

Etimología: Del germánico *hrod-berth* = gloria brillante.
Carácter: Reservado, desconfiado, tímido y prudente duda mucho antes de emprender algo, pero luego nada puede detenerlo, pues ambiciona el poder y la independencia. Valiente y determinado, le atrae el mundo de los negocios y las finanzas. Su problema es ser demasiado recto y honesto, creer que todo es blanco o negro, sin matices. Estricto y autoritario, oculta su sensibilidad bajo una apariencia crítica e irónica.
Historia: San Roberto a los 15 años fue nombrado prior de un monasterio, fundando posteriormente la orden Cisterciense. Son famosos Schumann, Stevenson, Dylan, Fischer, Koch, Mitchum, Rosellini y Oppenheimer.
Números: 1 + 7 = 8
Apellidos: Deben cubrir los números 4, 6, 8 y 9 ausentes, o los máximos que se pueda, siendo imprescindible cubrir el 8 (H, P, Y), por ser un número clave.
Onomástica: 30 de abril.

RODOLFO

Etimología: Del germánico *hrod* = gloria y *wolf* = lobo.
Carácter: Inteligente, enérgico, reservado y obstinado, su fin primordial es el poder y la riqueza. Hábil, ingenioso e inteligente, desea expresarse y comunicar, y dada su facilidad en sacar provecho de todas las experiencias, no es raro que llegue a triunfar en la vida. Su mayor peligro, con un 7 excesivo, es su tendencia a aislarse, a encerrarse en sí mismo.
Historia: San Rodolfo fue obispo de Bourges. Son famosos Rodolfo Valentino, Rudolf Hess, Rudolf Steiner, y Rudolf Nureyev.
Números: 3 + 5 = 8
Apellidos: Deben cubrir los números 2, 5, 8 y 9 ausentes, o por lo menos, de forma imprescindible, el 5 (E, N, V) y el 8 (H, P, Y), por ser números clave. También es conveniente que existan muy pocas letras del 7 (G, O, X), para evitar que sea excesivo.
Onomástica: 21 de junio.

ROGER

Etimología: Del germánico *hrod-hai*r = famoso por la lanza.
Carácter: Es simpático, sociable, comunicativo y adaptable, y se siente cómodo en cualquier tipo de ambiente. Tiene una gran facilidad de palabra, de seducción y de inventiva, y podría parecer superficial si no fuera por su ingenuidad y la forma en que intenta ser útil a los demás. Sin embargo, sus números clave son ausen-

tes, por lo que le costará mucho poder desarrollar su personalidad.
Historia: San Roger fue obispo de Cannes en el siglo XII. Son famosos Roger de Flor, Roger de Lluria, Roger Bacon, Roger Peyrefitte, Roger Vadim y Roger Moore
Números: 3 + 9 = 3
Apellidos: Deben cubrir los números 2, 3, 4, 6, 8 y 9 ausentes, o los máximos que se pueda, siendo imprescindible cubrir el 3 (C, L, T) y el 9 (I, Q, Z), números clave.
Onomástica: 16 de septiembre.

ROMÁN

Etimología: Del gentilicio latino *romanus* = de Roma.
Carácter: Seguro de sí mismo, fuerte, reservado, independiente, activo, emprendedor y con los pies bien en el suelo, su interés primordial se centra en sí mismo y en su bienestar material. Pero su 9 activo le impulsa a ser abnegado, compasivo, altruista y algo místico; pero que nadie se engañe, haga lo que haga, siempre será él mismo y destacará su fuerte personalidad y espíritu práctico.
Historia: San Román fue un soldado romano que murió mártir en el año 258. Como célebres citaremos a los escritores Romain Rolland, Roman Gary y el cineasta Roman Polanski.
Números: 8 + 1 = 9
Apellidos: Deben cubrir los números 2, 3, 6, 8 y 9 ausentes, a los máximos que se pueda, siendo imprescindible cubrir el 8 (H, P, Y) y el 9 (I, Q, Z), por ser números clave.
Onomástica: 28 de febrero.

ROQUE

Etimología: Del latín *roca* = roca.
Carácter: Con una fuerte personalidad, activo, emprendedor, oportunista y voluntarioso, ha nacido para mandar y dirigir, no soportando posiciones subalternas como no sea para lograr ascender o alcanzar la independencia. Normalmente es reflexivo y reservado, pensándolo mucho antes de tomar decisiones, y esta combinación de reflexión y capacidad de mando le proporciona buenos resultados. Sin embargo, y a pesar de su lado práctico y materialista, en el fondo siente la necesidad de una evolución interior.
Historia: San Roque (1295-1327), se considera el protector contra la peste y se le representa acompañado por un perro. Son famosos Roque Barcia y Roky Marciano.
Números: 7 + 1 = 8
Apellidos: Deben cubrir los números 2, 3, 6 y 8 ausentes, o los máximos que se pueda, siendo imprescindible cubrir el 8 (H, P, Y) por ser un número clave.
Onomástica: 16 de agosto.

RUBÉN

Etimología: Del hebreo *raah-ben* = veo un hijo.
Carácter: Más practico que intelectual, emprendedor, activo y dinámico, ha nacido para mandar y dirigir. En el fondo es un idealista siempre dispuesto a luchar por causas útiles a la sociedad o a

los necesitados. En la práctica es alérgico a toda clase de autoridad y jerarquía aun cuando personalmente sea enérgico y obstinado, y nunca pierde de vista el provecho que pueda sacar de las cosas, en lo cual es rápido y eficaz.

Historia: Es el Rubén bíblico, hijo de Lia y Jacob. Como celebres citaremos a Rubén Darío y Rubén Blades.

Número: 9 + 8 = 9

Apellidos: Deben cubrir los números 3, 6, 7, 8 y 9 ausentes, o los máximos que se pueda, siendo imprescindible cubrir el 8 (H, P, Y) y el 9 (I, Q, Z), números clave.

Onomástica: 4 de agosto.

SALVADOR

Etimología: Del latín *salvo* = salvar.

Carácter: Agradable, equilibrado, simpático, y con don de gentes, produce una sensación de paz y tranquilidad que lo hace muy apreciado. Autoritario, metódico, exigente y detallista, es muy consciente de sus responsabilidades, pero en el fondo es un idealista al que atraen las grandes causas, y que cuando se siente motivado puede realizar grandes cosas, aun cuando deba superar muchas dificultades, pues sus números clave son ausentes.

Historia: San Salvador fue un lego franciscano en tiempos de Felipe II. En realidad el nombre de Salvador es una forma metafórica de nombrar a Jesús, el salvador de la humanidad. Son célebres, Rueda, Madariaga, Espriu, Allende, Dalí y Adamo.

Números: 9 + 6 = 6

Apellidos: Deben cubrir los números 6, 8 y 9 ausentes, o por lo menos, de forma imprescindible, el 6 (F, Ñ, W) y el 9 (I, Q, Z), por ser sus números clave. También debe procurarse que existan pocas letras del 1 (A, J, R) para evitar que sea excesivo.

Onomástica: 18 de marzo.

SAMUEL

Etimología: Del hebreo *samu 'El* = Dios oye.

Carácter: A pesar de su fuerte personalidad, estricto, autoritario y dominador, en el fondo es tierno, emotivo, generoso y con un fondo de religiosidad que hace que sólo se sienta realizado siendo útil a los demás. Lo cual no obsta para que sea independiente y oportunista, y no es extraño verle ocupando puestos directivos, ya sea en lo profesional o en lo humanitario.

Historia: El Samuel bíblico fue el reformador de las costumbres del pueblo hebreo. San Samuel fue un mártir del siglo IV. Son famosos los escritores Samuel Beckett y Samuel Butler, el inventor Samuel Morse, el cineasta Samuel Goldwing y el actor Sammy Davis.

Números: 1 + 9 = 1

Apellidos: Deben cubrir los números 6, 7, 8 y 9 ausentes, o los máximos que se pueda, siendo imprescindible cubrir el 9 (I, Q, Z), por ser un número clave.

Onomástica: 20 de agosto.

SANTIAGO

Etimología: Es una variante típicamente española de Jacobo, procedente del grito de guerra medieval *Sant Yago*.

Carácter: Mucho más práctico que intelectual, emprendedor y dinámico, ha nacido para mandar y dirigir. En el fondo es un idealista siempre dispuesto a luchar por causas justas o humanitarias. En la vida práctica es alérgico a cualquier clase de autoridad, a pesar de que personalmente es enérgico y obstinado y sabe aprovechar todas las oportunidades.

Historia: Se inicia con los dos Santiagos, el mayor y el menor. Son famosos Santiago Ramón y Cajal, Santiago Rusinyol, Santiago Casares, Santiago Carrillo y Santiago Bernabeu.

Números: 9 + 8 = 8.

Apellidos: Deben cubrir los números 4, 6 y 8 ausentes, o por lo menos, de forma imprescindible, el 8 (H, P, Y), por ser un numero clave.

Onomástica: 25 de julio.

SEBASTIÁN

Etimología: Del griego *sebastos* = honrado, respetable.

Carácter: Comunicativo, encantador, adaptable, simpático, hábil, estudioso y con facilidad para asimilar conocimientos y experiencias, es capaz de destacar en cualquier actividad relacionada con la creatividad o la comunicación. Posee un gran sentido de la justicia y muchos deseos de formarse y progresar material y espiritualmente. Si algo se le puede reprochar es ser un tanto inestable.

Historia: San Sebastián era un soldado romano muerto a flechazos en Roma. Son célebres el músico Sebastián Bach, el navegante Sebastián Cabot, el atleta Sebastián Coe y el médico Sebastián Kneipp.

Números: 7 + 5 = 3

Apellidos: Deben cubrir los números 4, 6, 7 y 8 ausentes, o los

máximos que se pueda, siendo imprescindible cubrir el 7 (G, O, X) por ser un número clave. También debe procurarse que existan muy pocas letras del 2 (B, K, S), para evitar que sea un número excesivo.
Onomástica: 20 de enero.

SERAFÍN

Etimología: Del hebreo *seraphim* = serpiente.
Carácter: Metódico, organizado, elegante y con facilidad para asimilar conocimientos y experiencias, es adaptable y maleable, pero sabe hacer valer sus ideas con firmeza. Otra de sus cualidades es su sentido de la cooperación y los negocios, y a pesar de su gran intuición todo lo hace pasar por el tamiz de la lógica y el sentido práctico.
Historia: San Serafín era un monje capuchino italiano hacedor de milagros. Son famosos los escritores Serafín Álvarez Quintero, Serafín Estévanez Calderón y Serafí Pitarra.
Números: 6 + 5 = 2
Apellidos: Debe procurarse que cubra los números 3, 4, 7 y 8 ausentes, o los máximos que se pueda.
Onomástica: 12 de octubre.

SERGIO

Etimología: *Sergius* era el nombre de una familia romana, siendo el más conocido Lucius Sergius Catilina.

Carácter: Aparentemente frío y altanero, pero en realidad inquieto y reservado, se muestra distante para esconder su pudor, desconfianza y timidez; sin embargo, cuando está seguro de quién tiene delante, se muestra sociable y agradable. Paciente y ambicioso posee una gran capacidad de trabajo. Es racional, lógico y sabe organizar y dirigir. La contradicción entre las influencias del 3 y del 4 hace que se mueva entre la extroversión y la introversión, la generosidad y la avaricia.

Historia: San Sergio I papa puso orden en la Iglesia a finales del siglo VII. Son famosos músicos como Gainnsborug y Procofiev, cineastas como Einsenstein y Leone.

Números: 3 + 1 = 4

Apellidos: Deben cubrir los números 3, 4, 6 y 8 ausentes, o por lo menos, de forma indispensable el 3 (C, L, T) y el 4 (D, M, U), por ser números clave.

Onomástica: 24 de febrero.

SEVERO

Etimología: Del latín *severus* = severo, serio.

Carácter: Resulta muy contradictorio por la oposición de sus números clave. Por el 7 es reflexivo, sensible, algo místico y contemplativo, mientras que por el 8 es activo, dinámico, impulsivo y ambicioso. De aquí que en su vida se manifiesten grandes alternancias, pudiendo pasar de una actividad frenética al estudio reflexivo. Serio y obstinado, es un hombre justo que desea evolucionar y superarse. Su único problema, con un 5 excesivo, es la inestabilidad.

Historia: San Severo vivió en el siglo IV y actualmente se le venera en Nápoles. Son célebres el escritor Severo Sarduy y el científico Severo Ochoa.

Números: 8 + 8 = 7

Apellidos: Deben cubrir los números 3, 4, 6, 8 y 9 ausentes, o los máximos que se pueda, siendo imprescindible cubrir el 8 (H, P, Y), por ser un número clave. También es conveniente que existan muy pocas letras del 5 (E, N, V), para evitar que siga siendo excesivo.

Onomástica: 7 de agosto.

SIMÓN

Etimología: Del hebreo *shim'on* = el que es escuchado.

Carácter: Emotivo, abnegado, con un profundo sentido de la justicia, un íntimo deseo de evolución interior e interesado por los derechos humanos, desea participar en cuanto se refiera a cuestiones humanitarias y sociales. Su extremada sensibilidad y emotividad hacen que se encierre en su vida íntima, a estudiar y meditar, a la búsqueda de las verdades profundas. Pero si es capaz de responder a la influencia del 11, adquirirá carisma y ambición y será capaz de llevar a la práctica sus ideales.

Historia: San Simón es uno de los doce apóstoles. Son célebres,

entre otros, Simón el Mago, Simón de Montfort, Simón Bolívar y Shimon Peres.
Números: 7 + (11 = 2) = 9
Apellidos: Deben cubrir los números 1, 3, 4, 6 y 8 ausentes, o los máximos que se pueda.
Onomástica: 28 de octubre.

TEODORO

Etimología: Del griego *Theo-doro*s = don de Dios.

Carácter: Es muy contradictorio por la oposición del 7 que lo hace reflexivo, pasivo, sensible, algo místico y contemplativo, y el 8 activo, dinámico, impulsivo y amante del poder y la riqueza. Por ello en su vida de producen inesperadas alternancias, pasando de una actividad frenética a una tranquila investigación Pero siempre obstinado, enérgico, imaginativo y rápido. Es un hombre justo que desea evolucionar y superarse.

Historia: San Teodoro de Amasea fue un soldado cristiano que murió mártir en el siglo IV. Son famosos los presidentes Theodore Heuss, Theodore Roosevelt, los escritores Theodor Storm y Fedor Dostoievski, y el cantante Fedor Chaliapine.

Números: 8 + 8 = 7

Apellidos: Deben cubrir los números 2, 6, 8 y 9 ausentes, o los máximos que se pueda, siendo indispensable cubrir el 8 (H, P, Y) por ser un número clave. También debe procurarse que existan pocas letras del 7 (G, O, X) para evitar que se convierta en excesivo.

Onomástica: 20 de abril.

TERENCIO

Etimología: Del latín *teres* = delicado.

Carácter: Leal, intuitivo, acogedor, generoso y con un carisma personal que sabe utilizar en su deseo de convertirse en líder. Es abierto, curioso, algo coqueto y buen comunicador, lo que impide que sea reservado y secreto sobre su vida privada. Sin embargo, un número maestro como el 11 también tiene sus inconvenientes, que se centran en su tendencia a los excesos, desde un exceso de bondad y entrega a la megalomanía. Cuando sólo responde al 2 sus ambiciones y carisma se reducen, se hace más humano y descarga todo su potencial en el trabajo.

Historia: Aun cuando la Iglesia celebra su onomástica en siete fechas distintas, no conocemos ningún santo de dicho nombre. Es célebre el escritor Terenci Moix.

Números: $8 + 3 = 11 = 2$

Apellidos: Deben cubrir los números 2, 4, 6, 8 y 9 ausentes, o los máximos que se pueda, siendo imprescindible cubrir el 2 (B, K, S) y el 8 (H, P, Y), por ser números clave. También debe procurarse que existan pocas letras del 5 (E, N, V), para evitar que se convierta en excesivo.

Onomástica: 10 de abril.

TOMÁS

Etimología: Del arameo *thoma* = gemelo.

Carácter: Enérgico, viril, combativo, concreto, práctico, poco intelectual, elegante y distinguido, desea ser útil, ya sea en la política, el deporte, el arte o la mística. Muy estricto, leal, franco y directo no soporta la supeditación, la falsedad y el engaño.

Historia: Santo Tomás fue el apóstol que necesitaba ver para creer. Son célebres los escritores Kempis, Quincey, Mann, Sharpe y Lampedusa, el economista Maltus, el inquisidor Torquemada, el inventor Edison y el actor Cruise.

Números: 8 + 9 = 8

Apellidos: Deben cubrir los números 5, 6, 8 y 9 ausentes, o por lo menos es indispensable cubrir el 8 (H, P, Y) y el 9 (I, Q, Z), por ser sus números clave.

Onomástica: 28 de enero.

VALENTÍN

Etimología: Del latín *valens* = valiente.

Carácter: Es un idealista que desea que todo el mundo sea feliz. Seductor, sociable, ordenado, metódico y con gran habilidad manual, es muy curioso, todo le interesa, especialmente las cuestiones sociales, políticas, humanitarias y el mundo de lo extraño. Su defecto, con un 5 excesivo, es la dispersión y amor al cambio, que hace que apenas inicia algo, se cansa y lo abandona por otra cosa.

Historia: San Valentín era un sacerdote romano que murió mártir el año 273. Son famosos el gnóstico Basilio Valentín, el escritor Valenti Almirall.

Números: 8 + 3 = 9

Apellidos: Deben cubrir los números 2, 4, 6, 7 y 8 ausentes, o los máximos que se pueda, siendo indispensable cubrir el 8 (H, P, Y) por ser un número clave. También debe procurarse que no existan letras del 5 (E, N, V), para evitar que siga siendo excesivo.

Onomástica: 14 de febrero.

VALERIO

Etimología: Del latín *valerus* = sano, fuerte.
Carácter: Es tranquilo, reservado paciente, estable y voluntarioso, pero su timidez hace que se muestre intranquilo e inseguro. Al ser introvertido no le gusta hacer demasiadas amistades, prefiriendo la soledad y resolver sus problemas sin ayuda de nadie; más racional y práctico que intelectual, en sus decisiones se apoya siempre en la lógica y el sentido común, y si alguna vez sueña, no tarda en regresar a la realidad. Cuando es capaz de responder a la influencia del 22, desaparecen sus inhibiciones, se incrementa su ambición y es capaz de realizar grandes cosas.
Historia: San Valerio fue obispo de Zaragoza en el siglo IV. Son célebres Valery Giscard d'Estaing, Valery Larbauld, Valerio Adami y Valerio Lazarof.
Números: 22= 4 + 9 = 4
Apellidos: Deben cubrir los números 2, 4, 6 y 8 ausentes o los máximos posibles, siendo imprescindible cubrir el 4 (D, M, U), por ser un número clave.
Onomástica: 28 de noviembre.

VICENTE

Etimología: Del latín *vincentius* = vencedor.
Carácter: Enérgico y obstinado, pero reservado y prudente, se deja llevar por los acontecimientos cuando no puede dominarlos, para

seguir luego como si tal cosa en busca de su parcela de poder é independencia, basándose en su seguridad, sus ideas y su sentido artístico. Pero con sus números clave ausentes, le costará mucho conseguirlo, y con un 5 excesivo, peca de inestabilidad y exceso de cambios.

Historia: El más famoso es San Vicente de Paúl, fundador de corporaciones religiosas y siempre al servicio de los pobres. Son famosos los escritores d'Indi y Aleixandre, el pintor van Gogh, el presidente Ausriol, el actor Price, el cineasta Minelli y el ciclista Trueba.

Números: $1 + 7 = 8$

Apellidos: Deben cubrir los números 1, 2, 4, 6, 7 y 8 ausentes, o los máximos posibles, siendo indispensable cubrir el 1 (A, J, R) el 7 (G, O, X) y el 8 (H, P, Y), por ser sus números clave. También debe procurarse que no existan letras del 5 (E, N, V) para evitar que siga siendo excesivo.

Onomástica: 22 de enero.

VÍCTOR

Etimología: Del latín *victor* = victorioso.

Carácter: Buen comunicador, responsable, sociable y abierto, además de saber mandar y dirigir, cuando las circunstancias le son adversas sabe dejarse llevar por las mimas con tal de preservar su independencia. Pero ante todo, muy justo y prudente, busca la calma, la tranquilidad, el estudio, la reflexión y la meditación.

Historia: San Víctor murió mártir en Marsella el año 290. Son famosos Víctor Hugo, Víctor Balaguer, Vittorio de Sica, Vittorio Gassman y Victor Manuel.

Números: 7 + 3 = 1

Apellidos: Deben cubrir los números 2, 4, 6 y 8 ausentes, o los máximos que se pueda.

Onomástica: 28 de julio.

ÍNDICE

Prólogo 7
La numerología 10
Simbolismo de los números 11
   Los números de nuestro nombre 12
   El número activo 13
   Interpretación del número hereditario 22
   Cómo escoger un nombre para nuestro bebé 22
Nombres femeninos 27
Nombres masculinos 147

Aprende y practica

Una guía moderna para conocer mejor a los hijos y mejorar la comunicación con ellos.

Este libro ayudará a los padres a descubrir en qué nivel de comprensión y expresión verbal se encuentra su hijo en cada etapa de su crecimiento para, así, poder optimizar su diálogo con él y favorecer su desarrollo personal e intelectual. Además, ofrece consejos útiles sobre cómo tratar los temas delicados e importantes por los que suelen preguntar nuestros hijos, así como una guía para orientar a los padres a la hora de plantear dichas cuestiones.

- Cómo evitar y prevenir problemas del habla en los niños.
- Cómo establecer una correcta comunicación con los hijos a través del diálogo.
- Cómo orientar una conversación sobre sexualidad, política o religión con los hijos.

ISBN: 84-7927-457-3

En el origen de todas las cibvilizaciones hallámos la creencia de que otorgar un nombre concede poder sobre quien lo recibe, es como determinar su destino y posibilidades: Tanto es así que en Oriente y en las sociedades tradicionales o secretas se recomienda cambiar de nombree a partir de cierto grado de evolución personal. De aquí la importancia de elegir cuidadosamente el nombre que debemos imponer a un recién nacido, y en la duda entre aquellos que nos gustan, vale la pena tener en cuenta la sutil influencia que puedan ejercer sobre el carácter y el destino del neonato teniendo en cuenta que el nombre va moldeando la personalidad a lo rago de la vida.

ISBN: 84-7927-121-3

El significado e influencia secreta de los nombres sobre el carácter y el destino.

ALTERNATIVAS

Presentado en fonna de diccionario, este nuevo libro de los nombres es el fruto de una larga y exhaustiva investi¬gación de sus autores sobre todos los aspectos de interés acerca de los nombres de personas. En él encontrará junto al saber tradicional de la onomástica un sinnúmero de otros detalles y curiosidades sobre cada uno de los nombres de persona en las diferentes lenguas de la península Ibérica y las principales europeas, así como unas útiles reseñas de los más conocidos nombres americanos aborígenes, árabes, japoneses, rusos... Conozca a fondo las resonancias y los significados de cada nombre y no dudará a la hora de escoger uno en adelante.

- ¿Cuál es el origen del nombre Narciso?
- ¿Sabe que rasgos del carácter definen a las personas llamadas Teresa?
- Conozca cuándo son las onomásticas de sus amigos para felicitarlos.
- ¿A qué debe su nombre la raza de perros San Bernardo?

ISBN: 84-7927-442-5

Por fin una obra completa sobre todos los nombres, su origen y sus significados. Con nombres de animales domésticos.

Los indispensables

Después del éxito obtenido con: *Aunque tenga miedo, hágalo igual*, Susan Jeffers nos cuestiona en este libro valiente y honesto las medias verdades sobre la paternidad. La autora rompe la «conspiración de silencio» que envuelve a la educación de los hijos y afirma que, al sublimar la paternidad, se eluden sus aspectos indeseables y se dejan de lado las necesidades de realización personal de los progenitores.

- Por qué es perfectamente posible sentirse realizado en la vida con o sin hijos.
- Cómo superar el sentimiento de culpa cuando los hijos tienen problemas.
- Por qué se puede armar a los hijos y detestar la paternidad.

ISBN: 84-7927-518-9

Un liberador alegato contra los mitos de la paternidad.

VIDA POSITIVA